BERND RÖGER

Krankenversicherung

Gesetzlich

oder privat?

Prüfen Sie genau, sparen Sie Geld!

WALHALLA

REGENSBURG · BONN

Die Deutsche Bibliothek – CIP-Einheitsaufnahme

Röger, Bernd :
Krankenversicherung : gesetzlich oder privat? Prüfen Sie genau, sparen Sie Geld! /
Bernd Röger. – 2., aktualisierte Aufl. – Regensburg ; Bonn : Walhalla, 1997
  (Geld & Gewinn)
  ISBN 3-8029-3892-5

Zitiervorschlag:
B. Röger, Krankenversicherung – gesetzlich oder privat?
Regensburg, Bonn 1997

Hinweis: Unsere Ratgeber sind stets bemüht, Sie nach bestem Wissen zu informieren.
Die vorliegende Ausgabe beruht auf dem Stand von September 1997. Verbindliche Rechtsauskünfte holen Sie gegebenenfalls bei Ihrem Rechtsanwalt ein.

2., aktualisierte Auflage

© Walhalla u. Praetoria Verlag GmbH & Co. KG, Regensburg/Bonn
Alle Rechte, insbesondere das Recht der Vervielfältigung und Verbreitung
sowie der Übersetzung, vorbehalten. Kein Teil des Werkes darf in irgendeiner Form
(durch Fotokopie, Datentransfer oder ein anderes Verfahren) ohne schriftliche
Genehmigung des Verlages reproduziert oder unter Verwendung elektronischer
Systeme gespeichert, verarbeitet, vervielfältigt oder verbreitet werden.
Produktion: Walhalla Datenbank
Druck und Bindung: Westermann Druck Zwickau GmbH
Printed in Germany
ISBN 3-8029-3892-5

Verlagsverzeichnis schickt gerne:
Walhalla Fachverlag
Haus an der Eisernen Brücke
93059 Regensburg
walhalla@walhalla.de

Nutzen Sie das Inhaltsmenü:
Die Schnellübersicht führt Sie zu Ihrem Thema.
Die Kapitelüberschriften führen Sie zur Lösung.

Vorwort 7

Abkürzungen 8

1. Die medizinische Grundversorgung im Krankheitsfall 9

2. Leistungen der privaten Krankenversicherer 25

3. Beihilfe für Beamte und Angestellte im öffentlichen Dienst 45

4. Die optimale Krankenversicherung für Studenten 61

5. Leistungen bei einem Auslandsaufenthalt 67

Schnellübersicht

6. Der Beitrag heute und im Rentenalter 73

7. Vorteile der gesetzlichen und privaten Krankenversicherung 95

8. Entscheiden Sie sich: gesetzlich oder privat? 129

9. Krankenversicherungslexikon: Was 40 Fachbegriffe im Klartext bedeuten 145

Findex 157

Als ideale Ergänzung zu diesem Werk empfehlen wir:
Was kostet das Kranksein?
ISBN 3-8029-1450-3

Vorwort

Die Krankenversicherung ist ein „heißes" und oft diskutiertes Thema: Privat oder gesetzlich – das ist hier die Frage. Eine allgemeine Antwort darauf ist jedoch nicht möglich. Viele Faktoren beeinflussen die Wahl. Bevor Sie sich aber für die eine oder andere Lösung entscheiden, müssen Sie zuerst beide Formen kennenlernen.

Sowohl die gesetzlichen als auch privaten Krankenversicherungen haben Vorteile. Wann ist welcher Entschluß aber richtig? – Ein Taucher ist mit einer Fallschirmspringerausrüstung sicherlich schlecht beraten; der Fallschirmspringer hingegen kann mit einer Taucherausrüstung nicht viel anfangen. – So ähnlich verhält es sich auch mit den unterschiedlichen Systemen der Krankenversicherung: Was für den einen gut ist, kann für den anderen weniger sinnvoll sein.

Im Nachfolgenden werden Sie über die Leistungen informiert, die gesetzliche Krankenkassen und private Krankenversicherer bieten und wie die Ansprüche aus der Pflegeversicherung aussehen. Dieser Ratgeber macht auch deutlich, welche Beiträge Sie erwarten (vor allem im Rentenalter) und vergleicht das jeweilige Preis-Leistungsverhältnis auch innerhalb der privaten Unternehmen.

Beihilfeansprüche von Beamten und -anwärter sowie deren private Zusatzversorgung im Krankheitsfall werden ebenso durchleuchtet wie auch die Frage beantwortet wird, wie sich Studenten optimal versichern können.

Das Ziel: Die Beschreibungen und Beispiele sollen Ihnen helfen, die richtige Entscheidung zu treffen!

Bernd Röger

Abkürzungen

AVB   Allgemeine Versicherungsbedingungen

BAFöG   Bundesausbildungsförderungsgesetz

BfA   Bundesversicherungsanstalt für Arbeit

EU   Europäische Union

GKV   Gesetzliche Krankenversicherung

GOÄ   Gebührenordnung für Ärzte

LVA   Landesversicherungsanstalt(en)

PKV   Private Krankenversicherung

SB   Selbstbeteiligung

VVG   Versicherungsvertragsgesetz

Die medizinische Grundversorgung im Krankheitsfall

1

Formen der gesetzlichen
Krankenkassen 10

Welche Leistungen können Sie
erwarten? 11

Wieviel müssen Sie für diesen
Versicherungsschutz bezahlen? 18

Wann sind Familienangehörige
(kostenfrei) mitversichert? 20

Was ist nach einer Ehescheidung
zu beachten? 22

Das „Scheckkartensystem" 24

Formen der gesetzlichen Krankenkassen

Das Sozialversicherungssystem in Deutschland umfaßt die gesetzliche Renten-, Arbeitslosen-, Unfall-, Pflege- und Krankenversicherung. Im Vergleich zu den anderen Zweigen der Sozialversicherung stellt die Krankenversicherung eine Besonderheit dar. Sie ist für den Arbeitnehmer zwar Pflicht, aber nur so lange, wie der Angestellte oder Arbeiter unterhalb der jeweiligen Beitragsbemessungsgrenze für die Krankenversicherung verdient. Ist das Gehalt höher, können Sie sich entscheiden, ob Sie weiterhin in der gesetzlichen Krankenkasse bleiben (= freiwillige Mitgliedschaft) oder eine private Krankenversicherung bevorzugen wollen.

Für den gesetzlich Krankenversicherten (freiwillig oder Pflicht) bieten sich u. a. folgende Krankenkassen an; sofern sie örtlich zuständig sind und ihre Satzung das Wahlrecht vorsieht.

- Ortskrankenkassen
- Betriebskrankenkassen
- Innungskrankenkassen
- Ersatzkrankenkassen

Für diese Formen der gesetzlichen Krankenkassen gelten meistens dieselben Leistungen; jedoch können die Beiträge geringfügig abweichen.

Praxis-Tip:

Der Wettbewerb innerhalb der gesetzlichen Krankenkassen hat sich Anfang 1996 verschärft, weil ab diesem Zeitpunkt grundsätzliche Wahlfreiheit des Versicherungsträgers in der gesetzlichen Krankenversicherung gegeben ist. Ferner können Sie ab diesem Zeitpunkt die erbrachten Leistungen und damit verbundene Kosten einer Behandlung von der Krankenkasse abfragen.

Welche Leistungen können Sie erwarten?

Die gesetzliche Krankenversicherung gewährt Ihnen eine medizinische Grundversorgung. Damit werden u. a. Bereiche wie Förderung der Gesundheit, Verhütung, Früherkennung und Behandlung einer Krankheit, medizinische Rehabilitation, Zahlung von Krankengeld und Leistungen bei Schwangerschaft weitgehend abgedeckt. Die gesetzliche Krankenversicherung (im folgenden GKV genannt) gewährt in der Regel Sachleistungen; d. h. sie rechnet direkt mit der Apotheke, dem behandelnden Arzt oder dem jeweiligen Krankenhaus ab.

Arzneien und Verbandsmittel

Ein Patient, der seinen Hausarzt konsultiert, muß zunächst einmal nichts zahlen. Allerdings greift er in die Tasche, wenn Arzneien oder Verbandsmittel verschrieben werden. Derzeit beträgt der Eigenanteil für:

kleinere Arzneimittelpackungen	9,– DM
mittlere Arzneimittelpackungen	11,– DM
größere Arzneimittelpackungen	13,– DM

Diese Regelung gilt jedoch nur für Versicherte, die das 18. Lebensjahr vollendet haben und nur für Arzneien, die im Rahmen der vorgeschriebenen Festbeträge erhältlich sind. Verordnet der Arzt nach Absprache mit seinem Patienten ein teureres Präparat, muß der Versicherte die Differenz zwischen Festbetrag und höherem Preis voll aus eigener Tasche zahlen.

Für Verbandmittel beträgt die Zuzahlung jeweils 9,– DM.

Alle genannten Zuzahlungen erhöhen sich, wenn die Krankenkasse den Beitragssatz erhöht.

Beispiel: Erhöhung des Beitragssatzes um 0,1 % = Erhöhung der Zuzahlung um 1,– DM.

Brillen

Der Brillenträger kann einen Zuschuß erwarten, wenn sich nach dem 14. Lebensjahr die Sehstärke um wenigstens 0,5 Dioptrien verändert hat. Den Aufpreis für Sonderwünsche (z. B. Kunststoffgläser, Entspiegelung, Kontaktlinsen usw.) muß er selber tragen. Im Rahmen des Festbetrags werden nur normale Gläser erstattet. (Für Brillengestelle gibt es keine Erstattung mehr.)

Stationärer Aufenthalt

Im Falle eines stationären Aufenthalts werden Regelleistungen in einem Mehrbettzimmer übernommen. Der Eigenanteil des Patienten beträgt derzeit 17,– DM (bzw. 14,– DM in den neuen Bundesländern) pro Tag des Krankenhausaufenthalts. Die Zuzahlungsregelung ist auf maximal 14 Tage begrenzt und bezieht sich auf den Zeitraum von einem Jahr. Versicherte, die das 18. Lebensjahr noch nicht vollendet haben, sind von der Zuzahlung befreit.

Zahnersatz und Zahnbehandlung

Der höchste Eigenanteil wird beim Zahnersatz verlangt. Die Krankenkasse übernimmt derzeit nur noch 45 % der Behandlungs-, Material- und Laborkosten. Wenn der Versicherte nachweist, daß er regelmäßige Zahnvorsorge betrieben hat, erhöht sich der Kassenanteil auf 55 %. Diese Regelung wird 1998 nochmals zu Lasten der Versicherten geändert, indem Festzuschüsse eingeführt werden.

Achtung:

Zahnersatz entfällt für alle, die nach dem 31.12.1978 geboren wurden. (Ausnahme: bei Unfall oder schwerer Zahnerkrankung.)

Dasselbe gilt auch für Beihilfeberechtigte.

Die erstattungsfähigen Kosten für Zahnersatz beziehen sich nur auf die jeweils vorgeschriebenen Materialien; d. h. die Differenz für höherwertige Ausführungen (z. B. Keramikverblendungen) muß vom Patienten in voller Höhe selbst übernommen werden. Für den Bereich der normalen Zahnbehandlung wird bei einer Zahnfüllung nur der Teil erstattet, den derzeit eine Amalgamfüllung kostet; die Differenz für beispielsweise Goldinlays geht voll zu Lasten des Versicherten. Bei nachgewiesener Amalgam-Unverträglichkeit können Ausnahmen möglich sein. Fragen Sie hierzu Ihre Krankenkasse.

Entbindungsgeld

Wenn kein Anspruch auf Mutterschaftsgeld besteht, wird eine Pauschale in Höhe von 150,– DM erstattet.

Fahrtkosten

Rettungsfahrten, Fahrt zur stationären Behandlung und zurück, sowie Krankentransporte müssen grundsätzlich bis zu 25,– DM je Fahrt vom Patienten getragen werden.

Haushaltshilfe

Für den Fall der Krankenhausbehandlung eines Ehepartners werden unter Umständen Kosten für eine Haushaltshilfe erstattet. Eine der Voraussetzungen ist, daß ein Kind vorhanden sein muß, das das zwölfte Lebensjahr noch nicht vollendet hat.

Kinderkrankengeld

GKV-versicherte Ehepartner haben jeweils für jedes erkrankte Kind einen Anspruch auf Freistellung von der Arbeit für maximal zehn Arbeitstage. Das Krankengeld beträgt 70 % des erzielten durchschnittlichen Arbeitsentgelts (maximal jedoch das Nettoeinkommen). Dieser Anspruch erhöht sich auf 25 Tage, wenn in der Familie mehr als ein mitversichertes Kind lebt. Für Alleinerziehende beträgt der Anspruch 20 Arbeitstage je Kalenderjahr und maximal 50 Tage, wenn der oder die Alleinerziehende mehr als ein Kind zu betreuen hat. (Das Kind darf nicht älter als zwölf Jahre sein).

Krankengeld

Grundsätzlich besteht bei Arbeitnehmern eine (teils begrenzte) sechswöchige Lohnfortzahlung. Nach diesem Zeitpunkt wird ein Krankengeld – abhängig von der Höhe des Arbeitsentgelts bzw. von der Beitragsbemessungsgrenze zur GKV – gezahlt. Die Dauer dieser Zahlung ist auf eineinhalb Jahre begrenzt. Während des Krankengeldbezugs müssen keine Beiträge zur GKV geleistet werden.

Für die Berechnung des Krankentagegeldanspruchs gilt folgende Formel:

Gehalt (max. Beitragsbemessungsgrenze)
abzüglich 30 %
dividiert durch 30 Tage
= Krankentagegeld

Beispiel:

6.150,– DM ./. 30 % = 4.305,– DM

4.305,– DM : 30 Tage = 143,50 DM (= Höchsttagegeld brutto in 1997)

Das Krankentagegeld wird um den hälftigen Anteil zur gesetzlichen Renten-, Arbeitslosen- und Pflegeversicherung (berechnet auf den jeweiligen Zeitpunkt) gekürzt.

Kuren

Bei nachgewiesener ärztlicher Notwendigkeit werden die Kosten voll übernommen. Jedoch ist ein Eigenanteil von 25,- DM (bzw. 20,- DM in den neuen Bundesländern) wie beim stationären Aufenthalt vorgesehen. Die Dauer der Zahlung des Eigenanteils ist jedoch nicht auf 14 Tage begrenzt, sondern gilt für die gesamte Dauer des Kuraufenthalts.

Achtung:

Ist eine ärztliche Notwendigkeit nicht nachgewiesen, müssen die Kosten des Kuraufenthalts selber getragen werden; lediglich ein Zuschuß von bis zu 15,- DM täglich kann gewährt werden.

Ebenfalls müssen Sie je Kurwoche auf zwei Urlaubstage verzichten. Allerdings steht Ihnen ein jährlicher Mindesturlaub von insgesamt 4 Wochen zu.

Mutterschaftsgeld

Besteht Versicherungspflicht, wird ein Mutterschaftsgeld bis zu 750,- DM monatlich gezahlt. Während dieser Zeit müssen keine Beiträge zur GKV entrichtet werden. Der Zeitraum für die Zahlung von Mutterschaftsgeld beginnt sechs Wochen vor der Entbindung und endet acht Wochen danach. War das vorherige Arbeitsentgelt höher, muß der Arbeitgeber die jeweilige Differenz zahlen.

Sterbegeld

Alle Mitglieder der GKV, die bereits vor dem 01.01.1989 versichert waren, haben Anspruch auf Sterbegeld in Höhe von 2.100,- DM (mitversicherte Familienangehörige 1.050,- DM). Wer nach dem 1. Januar 1989 in die GKV eingetreten ist, hat keinen Anspruch auf Sterbegeld.

Checkliste: Leistungen der GKV

Leistungsansprüche

- Förderung der Gesundheit
- Verhütung von Krankheiten
- Früherkennung von Krankheiten
- Behandlung von Krankheiten
    - ärztliche Behandlung
    - zahnärztliche Behandlung einschließlich Zahnersatz [1]
    - Versorgung mit Arznei-, Verband-, Heil- und Hilfsmittel
    - häusliche Krankenpflege und Haushaltshilfe
    - Krankenhausbehandlung
    - medizinische und ergänzende Leistungen zur Rehabilitation
- Unter bestimmten Voraussetzungen Zahlung von:
    - Entbindungsgeld
    - Fahrtkosten (hin und zurück) zur stationären Behandlung
    - Kinderkrankengeld
    - Krankengeld
    - Kuren
    - Mutterschaftsgeld

Zuzahlung zu Arzneimittel

9,- DM bei kleinen Packungen

11,- DM bei mittleren Packungen

13,- DM bei großen Packungen

(Ausnahme: Kinder und sogenannte Härtefälle)

Erhöht die Krankenkasse ihren Beitragssatz, so erhöht sich auch die Zuzahlung.

Heilmittel

Alle Versicherten, die das 18. Lebensjahr vollendet haben, müssen einen Eigenanteil von 15 % tragen (Ausnahme: Härtefälle). Heilmittel sind u. a.: physikalisch-therapeutische Verordnungen, z. B. Massagen, Bäder, Krankengymnastik.

Hilfsmittel

Hilfsmittel sind u. a. Brillen, Hörgeräte, Prothesen, Rollstühle. Für Hilfsmittel wurden sogenannte Festbeträge eingeführt. Nicht bezahlt werden hingegen Augenklappen oder Batterien für Hörgeräte, Brillengestelle etc.

---

[1] **Zahnersatz**

- Behandlungs-, Material- und Laborkosten (maximal 45 %, bei regelmäßiger Vorsorge 55 %; ab 1998 gelten Festzuschüsse, die sich bei regelmäßiger Vorsorge um 20 % erhöhen.)
- Kieferorthopädie nur für Kinder unter 18 Jahren; Ausnahme: Erwachsene mit einer schweren Kieferanomalie.
  Die Voraberstattung der GKV beträgt 80 %; bei gleichzeitiger Behandlung eines weiteren Kindes werden hierfür 90 % geleistet.
  Der Restbetrag der Behandlungskosten für Kieferorthopädie wird nach Abschluß der Behandlung erstattet, wenn der Zahnarzt bzw. Kieferorthopäde dies bestätigt.
- Ab 01.01.1997 wird für Kinder, die nach dem 31.12.1978 geboren wurden, kein Zahnersatz mehr bezahlt. Ausnahme: bei Unfall oder schwerer Zahnerkrankung.

Zuzahlungen

Es gibt für sogenannte Härtefälle die vollständige und die teilweise Befreiung von Zuzahlungen.

Vollständig von Zuzahlung befreit sind grundsätzlich:

- Kinder und Jugendliche, die das 18. Lebensjahr noch nicht vollendet haben (Ausnahme für Zahnersatz und Fahrtkosten).
- Sozialhilfeempfänger

- Arbeitslosenhilfeempfänger
- Empfänger von BAFöG (= Bundesausbildungsförderungsgesetz)
- Versicherte mit geringem Einkommen
- Bewohner von Altenpflegeheimen, sofern die Unterbringung von der Sozialhilfe getragen wird.

Teilweise von Zuzahlungen befreit sind grundsätzlich:

- chronisch Kranke
- Versicherte mit geringem Einkommen (die aber nicht vollständig von Zuzahlungen befreit sind).

Die teilweise Befreiung gilt nur für den Bereich von Zuzahlungen auf Arzneien, Verband- und Heilmittel sowie Fahrtkosten. Für Zahnersatz gibt es eine besondere Zuzahlungsobergrenze.

Wieviel müssen Sie für diesen Versicherungsschutz bezahlen?

Unabhängig vom Eintrittsalter oder Geschlecht gelten für die gesetzlichen Krankenkassen Beiträge von durchschnittlich 13,3 % des Bruttogehalts. Als Obergrenze zählt die jeweilige Beitragsbemessungsgrenze zur GKV. Im Jahre 1997 beträgt sie monatlich 6.150,– DM. Daraus ergibt sich ein durchschnittlicher Höchstbeitrag von 817,95 DM, an dem sich der Arbeitgeber zur Hälfte beteiligt. Für die neuen Bundesländer beträgt die Beitragsbemessungsgrenze zur GKV im Jahre 1997 monatlich 5.325,– DM. Das ergibt bei einem dort gültigen Beitragssatz von durchschnittlich 13,7 % einen monatlichen Aufwand von 729,50 DM.

Der Beitrag zur GKV ist also vom jeweiligen Einkommen abhängig und auf den Höchstbeitrag, der sich aus der Beitragsbemessungsgrenze errechnen läßt, begrenzt. Ob ein Single oder eine Familie mit mehreren Kindern und einem einzigen Verdiener versichert ist, spielt hier keine Rolle. Der Aufwand ist bei gleichem Gehalt derselbe.

Freiwillig Versicherte und Selbständige

Freiwillig Versicherte zahlen grundsätzlich den Höchstbeitrag zur GKV. Wer sich als Selbständiger für die GKV entscheidet, muß einkommensgerechte Beiträge zahlen. Zu dessen Einkommen zählen dann auch Zins- oder Mieteinkünfte (brutto). In den meisten Fällen ist davon auszugehen, daß der Selbständige Höchstbeiträge leisten muß, da er in der Regel mit seinem gesamten Einkommen oberhalb der Beitragsbemessungsgrenze verdient. Diese Beiträge sind i. d. R. jedoch höher als bei Arbeitnehmern, wenn ein Krankentagegeld mitversichert wird und der Anspruch hierauf früher als ab der 7. Woche besteht.

Selbständige können nämlich vereinbaren, daß das Krankentagegeld wesentlich früher (z. B. ab dem vierten Tag) und nicht erst ab der 7. Woche (wie bei Arbeitnehmern) im Krankheitsfall gezahlt wird. Die Beiträge zur GKV sind dann je nach Leistungsvereinbarung entsprechend teurer.

Aufgrund von Preissteigerungen im Gesundheitswesen müssen zwangsläufig die Beiträge in der Krankenversicherung steigen. Um diesen Kostenanteil in Grenzen zu halten, wurde die letzte Gesundheitsreform durchgeführt. Das hat in der GKV zur Folge, daß die Beiträge auf einem halbwegs überschaubaren Niveau gehalten, die Leistungen jedoch eingegrenzt wurden.

Fazit:

Die Gesundheitsreform hat zu einer Kostenstabilität und zu mehr Verantwortungsgefühl der Versicherten beigetragen.

Wann sind Familienangehörige (kostenfrei) mitversichert?

Für die GKV gilt, daß alle Familienangehörige (Ehepartner und Kinder) kostenfrei mitversichert sind, sofern sie kein eigenes Einkommen erzielen, das eine eigenständige Versicherungspflicht begründet. Für den Fall, daß der oder die Jugendliche nicht erwerbstätig ist, gilt die kostenfreie Mitversicherung bis zum 23. Lebensjahr; für den Fall einer Schul- oder Berufsausbildung gilt sie bis zum 25. Lebensjahr. Darüber hinaus besteht die Möglichkeit der kostenfreien Familienmitversicherung, wenn die Schul- oder Berufsausbildung durch Erfüllung einer gesetzlichen Dienstpflicht (z. B. Wehrdienst) unterbrochen oder verzögert wurde für die Dauer dieses Dienstes. Für behinderte Kinder ist unter bestimmten Voraussetzungen keine Altersgrenze festgesetzt.

Die kostenfrei Mitversicherten müssen ihren Wohnsitz oder gewöhnlichen Aufenthaltsort in der Bundesrepublik Deutschland haben. Ist ein Elternteil jedoch nicht in der GKV versichert, weil sein Einkommen oberhalb der Beitragsbemessungsgrenze liegt, der Ehepartner allerdings pflichtversichert, gibt es keine kostenfreie Mitversicherung für die Kinder. In dem Fall müssen eigene Beiträge (ob zur privaten oder gesetzlichen Krankenversicherung) entrichtet werden.

Wo grundsätzlich Kinder bzw. Ehepartner zu versichern sind, zeigt nachfolgende Übersicht. Wenn in der Tabelle von Ehemann, Ehefrau und den jeweiligen Einkünften die Rede ist, so dient das lediglich der vereinfachten Darstellung. Selbstverständlich kann das Einkommensverhältnis auch umgekehrt sein – die jeweilige Mitversicherung hat dann genauso ihre Gültigkeit in bezug auf den anderen Ehepartner und dessen Kinder.

Beitragsbemessungsgrenze zur GKV in 1997
(6.150,– DM West / 5.325,– DM Ost)

Ehemann	Ehefrau	Kind(er) – ohne eigenes Einkommen
berufstätig, pflichtversichert (GKV), Einkommen monatlich 3.000,– DM	nicht berufstätig, mitversichert (GKV) beim Ehemann	Mitversicherung (GKV) beim Vater (kostenfrei)
berufstätig, pflichtversichert (GKV), Einkommen monatlich 3.000,– DM	berufstätig, pflichtversichert (GKV), Einkommen monatlich 2.000,– DM	Mitversicherung beim Vater oder der Mutter (kostenfrei)
berufstätig, privatversichert (PKV), Einkommen oberhalb der Beitragsbemessungsgrenze	berufstätig, pflichtversichert (GKV), Einkommen monatlich 2.000,– DM	eigene Krankenversicherung (GKV oder PKV) erforderlich
berufstätig, privatversichert (PKV), Einkommen unterhalb der Beitragsbemessungsgrenze (aufgrund eines früheren Befreiungsantrags möglich)	berufstätig, pflichtversichert (GKV), Einkommen 2.000,– DM	weil der Vater unterhalb der Beitragsbemessungsgrenze liegt, dennoch privat versichert ist, kann das Kind trotzdem in der GKV der Mutter mitversichert werden (kostenfrei)
berufstätig, freiwillig krankenversichert (GKV), Einkommen monatlich 6.500,– DM	berufstätig, privatversichert (PKV), Einkommen monatlich 6.300,– DM	weil der Vater (GKV) ein höheres Einkommen als die Mutter (PKV) erzielt, besteht Anspruch auf Mitversicherung (kostenlos) in der GKV

Was ist nach einer Ehescheidung zu beachten?

Oftmals wissen die Betroffenen nicht, wer wann wo mitversichert ist.

- Sind beide Geschiedenen berufstätig und Mitglied einer privaten Krankenkasse, ändert sich die Situation auch nach einer Scheidung nicht, da für jede Person eigenständige Beiträge in Rechnung gestellt werden. Ist ein Kind (oder mehrere) vorhanden, sollten die jeweiligen Kosten für die Versicherung im Falle der Unterhaltsregelung mit berücksichtigt werden.

- Besteht für beide berufstätigen Elternteile eine gesetzliche Krankenversicherung (Pflicht oder freiwillig), ist das Kind grundsätzlich bei einem Elternteil kostenfrei mitversichert. Lebt das Kind nach Scheidung bei der Mutter, ist es sinnvoll, bei der entsprechenden Krankenkasse die kostenfreie Mitversicherung zu beantragen, wenn diese zuvor bei dem geschiedenen Ehemann bestand.

- Ist ein Elternteil aufgrund seines höheren Einkommens privat, der andere wegen geringerem Gehalt pflichtversichert, wurden die Kinder seinerzeit nur gegen Beitragszahlung (privat oder gesetzlich) versichert. Nach Scheidung kann für das Kind eine kostenfreie Mitversicherung in der GKV beantragt werden, wenn der entsprechende Elternteil dort bereits Mitglied ist und das Kind auch dort wohnt.

- Problematisch (aus finanzieller Sicht) kann die Situation nach einer Scheidung dann werden, wenn beispielsweise die Ehefrau kein eigenes Einkommen hat und sie zuvor selbst kostenfrei bei ihrem Mann mitversichert war. In dem Fall verfügt die Ehefrau nur über entsprechenden Versicherungsschutz, wenn sie diesen bei einer gesetzlichen Krankenkasse beantragt. Die zu zahlenden Beiträge richten sich nach dem Einkommen (z. B. Unterhalt oder eventuelle Mieteinkünfte usw.) und liegen zwischen 160,– DM und 400,– DM monatlich.

Die Mitversicherung der Kinder
(nach Scheidung der Eltern) auf einen Blick

Geschiedener Ehemann	Geschiedene Ehefrau	Kind(er) ohne eigenes Einkommen (Wohnung bei der Mutter)
PKV-versichert	PKV-versichert	PKV-versichert; Weiterzahlung der Beiträge erforderlich
GKV-pflichtversichert	GKV-pflichtversichert	Mitversicherung bei der Mutter (kostenfrei) möglich
GKV-freiwillig versichert	GKV-pflichtversichert	Mitversicherung bei der Mutter (kostenfrei) möglich
PKV-versichert	GKV-pflichtversichert	Mitversicherung bei der Mutter (kostenfrei) möglich
GKV-pflicht- oder freiwillig versichert	Vor Scheidung: kostenfreie Mitversicherung Nach Scheidung: eigener Beitrag zur GKV oder PKV erforderlich	Wenn die Mutter Beiträge zur GKV entrichtet, besteht kostenfreie Mitversicherung (auf Antrag). Ansonsten sind eigene Beiträge erforderlich

- Hinzu kommt die Pflegeversicherung. Auch in diesem Fall kann die kostenfreie Mitversicherung der Kinder in der GKV der Mutter beantragt werden, wenn sie dort wohnen und kein eigenes Einkommen erzielen. Selbstverständlich kann auch eine private Krankenversicherung beantragt werden. Dann sind jedoch für jede zu versichernde Person Beiträge zu leisten.

Auch in der Übersicht auf Seite 23 ist die Rede von Ehefrau und Ehemann. Dies dient lediglich der vereinfachten Darstellung. Die Einkommensverhältnisse und das Sorgerecht für die Kinder können selbstverständlich auch umgekehrt sein.

Das „Scheckkartensystem"

Konsultierte man als gesetzlich Krankenversicherter früher einen Arzt, lautete die erste Frage der Sprechstundenhilfe meistens: „Haben Sie Ihren Krankenschein dabei?"

Heute – im Zeitalter der fortschreitenden technischen Entwicklung – ist der Krankenschein durch eine Art „Scheckkarte" (genannt: Versichertenkarte) ersetzt. Sie können sich das Ausfüllen von Krankenscheinen ersparen und legen lediglich Ihre Versichertenkarte vor, auf der alle notwendigen Informationen gespeichert sind.

Alle gesetzlichen Krankenkassen praktizieren seit dem 01.01.1995 dieses System. Jeder Versicherte (auch kostenfrei mitversicherte Familienangehörige) verfügt über eine solche Versichertenkarte.

Dieses System hat sich inzwischen bewährt und wird mittlerweile auch von den privaten Krankenversicherern praktiziert.

Leistungen der privaten Krankenversicherer

2

Ist die Chefarztbehandlung ein unbezahlbarer Luxus? 26

Der Versicherungsschutz kann individuell vereinbart werden 27

Achten Sie auf den Mindestschutz! 32

Persönlicher Gesundheitszustand ist ausschlaggebend 37

Welche Faktoren den Beitrag beeinflussen können 38

Muß der Privatpatient alle Rechnungen vorfinanzieren? 40

Zusatzverträge für gesetzlich Krankenversicherte 41

Ist die Chefarztbehandlung ein unbezahlbarer Luxus?

Wer privat krankenversichert ist, hatte sich seinerzeit für diese Form entweder aus Kostengründen entschieden oder wollte besser versichert sein. In jedem Fall kommt es auf die Gestaltung des Versicherungsvertrags an; denn nicht jeder Privatversicherte muß über bessere Leistungen als in der gesetzlichen Krankenkasse verfügen. Die private Krankenversicherung kann nämlich u. a. genauso Regelleistungen bei einem stationären Aufenthalt beinhalten wie die gesetzliche Krankenkasse.

Gerade das bedeutet eine Gefahr für den Privatpatienten. Wurde seinerzeit nur die Regelleistung im Mehrbettzimmer abgesichert, kann der damals vereinbarte Versicherungsschutz manchmal vergessen werden. Im Falle des stationären Aufenthalts bedeutet das, daß der Patient lediglich erwähnt, er sei privatversichert. Nach Abschluß der Behandlung kommt dann das böse Erwachen. Die Rechnung für gesonderte Unterbringung in einem Ein- oder Zweibettzimmer sowie für die privatärztliche Betreuung werden nicht in voller Höhe von der privaten Krankenversicherung übernommen; schließlich wurden nur Regelleistungen im Mehrbettzimmer versichert. Unter solchen Umständen kann eine Chefarztbehandlung zum unbezahlbaren Luxus werden.

Wer sich also für eine private Krankenversicherung entscheidet, sollte zumindest nicht maßgebliche Leistungen ausschließen, um Beiträge zu sparen. Immerhin kostet eine Chefarztbehandlung und die Unterbringung in einem Ein- oder Zweibettzimmer eine Menge Geld; die Versicherung hierzu kostet jedoch nicht allzuviel (auch für gesetzlich Krankenversicherte als Zusatzversicherung möglich – wie Sie später noch erfahren werden).

Mit dem richtigen Versicherungsschutz ist die Behandlung durch den Chefarzt kein unbezahlbarer Luxus. Selbst wenn der

Professor eine Abrechnung über den Rahmen der Gebührenordnung für Ärzte (= GOÄ) verlangt, kann das zuvor mit einem geringen Mehrbeitrag bei vielen privaten Krankenversicherern zusätzlich abgesichert werden.

Der Versicherungsschutz kann individuell vereinbart werden

Der Privatversicherte kann grundsätzlich die zu versichernden Leistungen für den Krankheitsfall selbst bestimmen. Ausschließlich Regelleistungen im Mehrbettzimmer bei einem stationären Aufenthalt zu vereinbaren, ist zumeist nicht ratsam.

Zahnersatz und andere medizinische Leistungen

Für den Bereich von Zahnersatz gibt es entscheidende Leistungskriterien der Privatversicherer. Immerhin ist es ein Unterschied, ob ein Anspruch von 60 %, 80 % oder gar 100 % der Kosten erstattet wird.

Grundsätzlich gilt: Je höher die Eigenbeteiligung, desto geringer der Beitrag. Umgekehrt: Je geringer die Eigenbeteiligung, desto höher der Beitrag.

Das begrifft selbstverständlich nicht nur den Bereich Zahnersatz, sondern auch alle anderen medizinischen Leistungen.

Leistungsvereinbarungen

Der Beitrag für Privatversicherte ist also u. a. abhängig von z. B. folgenden Leistungsvereinbarungen:

- Regelleistungen bei Krankenhausaufenthalt
- Leistungen für Chefarztbehandlung
- Unterbringung in einem Ein- oder Zweibettzimmer
- Teilweise oder volle Erstattung von Zahnarztbehandlungen oder Zahnersatz
- Leistungen im Rahmen der Gebührenordnung für Ärzte (GOÄ) oder darüber hinaus
- Heilpraktiker- oder Homöopathenkonsultationen

Im Gegensatz zu den gesetzlichen Krankenkassen, deren Leistungen und Beiträge generell feststehen, kann der Privatversicherte Leistung und Beitrag individuell vereinbaren.

Im wesentlichen gilt, daß private Krankenversicherer keine schlechteren Leistungen als in der GKV anbieten. Eine Ausnahme ist der Leistungsausschluß von bestimmten Vorerkrankungen. Letzteres ist mit Vorsicht zu genießen, da es gerade dabei zu Streitigkeiten im Leistungsfall kommen kann.

Welche Leistungen im einzelnen grundsätzlich vereinbart werden können, zeigt folgende Checkliste:

Checkliste: Leistungsvereinbarungen für Privatversicherte

- Freie Wahl unter allen niedergelassenen Ärzten, Zahnärzten und Heilpraktikern.
- Möglichkeit des jederzeitigen Wechsels zu einem anderen Behandler.
- Alle von Ärzten, Zahnärzten und Heilpraktikern verordneten, anerkannten Medikamente können in voller Höhe erstattet werden.
- Alle ärztlich verordneten Heil- und Hilfsmittel können in voller Höhe erstattet werden. Für Brillen und Kontaktlinsen gilt oft ein jährlicher Erstattungshöchstbetrag.

- Für den Fall einer stationären Behandlung kann jedes anerkannte Krankenhaus in der Bundesrepublik Deutschland aufgesucht werden, eine finanzielle Beteiligung je Krankenhaustag erfolgt nicht.
- Krankentagegeld unterliegt bei vielen Versicherern keiner zeitlichen Begrenzung (in Verbindung mit einer Vollversicherung).
- Krankenhaustagegeld
- Zahnersatz kann bis zu 100 % des Rechnungsbetrags erstattet werden.
- Krankenversicherungsschutz besteht in ganz Europa (darüber hinaus ist eine weltweite Absicherung möglich). Für den Rücktransport im Krankheitsfall kann eine separate Versicherung abgeschlossen werden (auch für gesetzlich Krankenversicherte möglich).
- Privat versicherte Rentner haben seit dem 01.07.1994 die Möglichkeit, unter bestimmten Voraussetzungen einen Standard-Tarif zu wählen, der den Leistungen der GKV entspricht und sich am durchschnittlichen Höchstbeitrag der GKV orientiert.

Hinweis:

Diese Checkliste beinhaltet mögliche Leistungen der privaten Krankenversicherer; je nach Gesellschaft können sie abweichen, ebenso können unterschiedliche Selbstbehalte vereinbart werden. Die Beiträge sind nicht gleich und eine kostenfreie Mitversicherung von Familienangehörigen ist nicht vorgesehen; statt dessen muß jede versicherte Person geschlechts- und altersabhängige Beiträge zahlen.

Leistungsbeschreibung eines privaten Krankenversicherers (Beispiel)

Ambulante Behandlung

100 % der Aufwendungen für

- ambulante Heilbehandlung und Gesundheitsvorsorge und Heilpraktiker,
- Arzneien und Verbandmittel,
- Heil- und Hilfsmittel, häusliche Behandlungspflege,
- Notfall-Rettungsdienst,
- psychotherapeutische ambulante Behandlung,
- Brillen und Kontaktlinsen bis zu einem Rechnungsbetrag von 300,– DM pro Kalenderjahr.

Stationäre Behandlung

100 % der Aufwendungen für

- Unterbringung, Verpflegung und Behandlung im Krankenhaus als Regelleistungen, Krankentransport im Krankenwagen, im Notfall-Rettungsdienst auch mit dem Hubschrauber, je Versicherungsfall bis zu 100 km, mindestens aber bis zum nächstgelegenen geeigneten Krankenhaus,
- gesondert berechnete Unterkunft und Verpflegung im Zweibettzimmer,
- gesondert berechnete ärztliche Leistungen.

Werden bei einem Krankenhausaufenthalt ärztliche Leistungen oder Unterbringung und Verpflegung nicht im versicherten Rahmen gesondert berechnet oder in Anspruch genommen, wird neben der tariflichen Kostenerstattung ein Krankenhaustagegeld gezahlt.

Es gilt:

  50,– DM bei nicht gesondert berechneter Unterbringung,

100,– DM für nicht gesondert berechnete ärztliche Leistungen.

Bei teilstationärer Behandlung mit einem Krankenhausaufenthalt von weniger als 24 Stunden pro Tag wird die Hälfte des vereinbarten Tagessatzes gezahlt.

Zahnbehandlung

- 100 % der Aufwendungen für allgemeine und prophylaktische zahnärztliche Leistungen, konservierende und chirurgische Zahnbehandlung einschließlich Röntgenleistungen, Leistungen bei Erkrankungen der Mundschleimhaut und des Parodontiums, präthetische und kieferorthopädische Leistungen, Aufbißbehelfe und Schienen, funktionsanalytische, funktionstherapeutische und implantologische Leistungen.

In den drei ersten Kalenderjahren der Versicherung sind die erstattungsfähigen Aufwendungen auf 3.000,– DM pro Kalenderjahr begrenzt.

Bei zahnärztlicher Behandlung infolge eines Unfalls entfällt der genannte Höchstsatz in den ersten drei Versicherungsjahren.

Wird innerhalb von 30 Tagen nach Antragstellung oder Versicherungsbeginn ein zahnärztlicher Befundbericht vorgelegt, kann der Höchstsatz in den ersten drei Jahren aufgehoben werden.

Auslandsreisekrankenversicherung

100 % der Aufwendungen für

- die Heilbehandlung akut eingetretener Krankheiten und Unfälle im Ausland,
- einen aus medizinischen Gründen erforderlichen Rücktransport. Mitversichert sind die Mehrkosten einer krankheitsbedingt außerplanmäßigen Rückreise sowie die Kosten für eine medizinisch notwendige Begleitperson.
- Beisetzung im Ausland oder Überführung im Todesfall. Der Versicherungsschutz gilt weltweit während der ersten 6 Wochen jeder Reise.

Krankentagegeld

Für die Dauer einer durch Krankheit oder Unfall bedingten Arbeitsunfähigkeit wird ab dem 43. Tag ein Krankentagegeld in Höhe von 180,– DM gezahlt.

Krankenhaustagegeld

- Krankenhaustagegeld bei medizinisch notwendiger stationärer Heilbehandlung und Entbindung in Höhe von 50,– DM je Tag eines Krankenhausaufenthaltes,
- bei teilstationärer Behandlung mit einem Krankenhausaufenthalt von weniger als 24 Stunden pro Tag wird die Hälfte des vereinbarten Tagessatzes gezahlt.

Achten Sie auf den Mindestschutz!

Zwar können die Leistungen in der privaten Krankenversicherung individuell vereinbart werden, aber auf einen gewissen Mindestschutz sollte niemand verzichten. Das mag nicht unbedingt die Wahl eines Einbettzimmers für den stationären Aufenthalt angehen, aber in jedem Fall den persönlichen Verdienstausfall.

Krankentagegeld für Selbständige

Der Selbständige sollte demzufolge ein Krankentagegeld vereinbaren, dessen Höhe dem durchschnittlichen Nettoeinkommen nahe kommt. Der Beginn einer Zahlung von Krankentagegeld kann individuell vereinbart werden; ob ab dem ersten Tag, dem achten, fünfzehnten oder erst ab der vierten Woche oder später, ist Sache des Bedarfs und des Geldbeutels. Je früher der Versicherer im Krankheitsfall leisten muß, desto höher sind die Prämien.

Praxis-Tip:

Im Krankheitsfall muß die versicherte Person sich an deren Wohnort aufhalten, da laut Versicherungsbedingungen die Gesellschaft ansonsten nicht zur Zahlung von Krankentagegeld verpflichtet ist.

Krankentagegeld für Arbeitnehmer

Der Arbeitnehmer, der aufgrund seines höheren Einkommens sich für die private Krankenversicherung (im folgenden PKV genannt) entschieden hat, darf ein Krankentagegeld frühestens ab der siebten Woche vereinbaren, da er bis zu diesem Zeitpunkt grundsätzlich eine (möglicherweise geminderte) Lohnfortzahlung erhält.

Zu berücksichtigen ist, daß er im Krankheitsfall die Beiträge zur PKV in voller Höhe (nach Ende der Lohnfortzahlung) weiterzahlen muß. Beiträge zur Arbeitslosenversicherung hingegen werden von dem jeweiligen PKV-Unternehmen an die Bundesanstalt für Arbeit überwiesen.

Praxis-Tip:

Da im Falle der Arbeitsunfähigkeit nach Ende der Lohnfortzahlung die Versicherungspflicht in der gesetzlichen Rentenversicherung unterbrochen wird, ist es ratsam, die Beiträge auf Antrag zu entrichten, um den Versicherungsschutz nicht zu gefährden. Die jeweilige Beitragshöhe sollte dann aber in der Höhe des Krankentagegelds mit berücksichtigt werden.

Krankenhaustagegeld

Ein Krankenhaustagegeld ist bei privat Versicherten nicht unbedingt wichtig, da keinerlei Kosten für den stationären Aufenthalt (bei richtiger Absicherung) anfallen.

Absicherung für Babys und jüngere Kinder

Für Babys und jüngere Kinder sollte jedoch an das Krankenhaustagegeld gedacht werden, weil somit mögliche Kosten bei „rooming in" abgesichert werden können. „Rooming in" bedeutet, daß im Falle einer stationären Behandlung die Mutter oder der Vater im Krankenzimmer des Kindes übernachten dürfen.

Privatärztliche Betreuung

Wer sich als Privatpatient für das Ein- oder Zweibettzimmer entscheidet, ohne die privatärztliche Betreuung mitzuversichern, ist nicht gut beraten. Es ist – wie bereits gesagt – oftmals ein nachhaltiges Problem, da im Krankenhausaufenthalt von Privatpatienten in der Regel davon ausgegangen wird, daß der Versicherte auch Leistungen des Chefarztes mitversichert hat. Ist das nicht der Fall, das Krankenhaus geht aber davon aus, müssen die zusätzlichen Kosten aus eigener Tasche gezahlt werden.

Praxis-Tip:
Privatpatienten sollten auf den Einschluß einer privatärztlichen Betreuung bei ihrer Versicherung nicht verzichten; die Kosten für eine solche Absicherung halten sich ohnehin in Grenzen.

Versicherungsschutz bei Auslandsaufenthalt

Ferner sollten Sie als privat Krankenversicherter auf den Versicherungsschutz bei Auslandsaufenthalt achten. Zwar gilt die PKV in der Regel auch in europäischen Ländern, aber ein eventueller Rücktransport ist dort nicht mit abgesichert. Für wenig Geld läßt sich aber dieser Einschluß mit versichern (auch für gesetzlich Krankenversicherte möglich). Näheres hierzu erfahren Sie im Kapitel „Leistungen bei einem Auslandsaufenthalt."

Selbstverständlich endet die Leistungspalette der privaten Krankenversicherer an dieser Stelle nicht. Es soll lediglich darauf aufmerksam gemacht werden, auf einen vollständigen Versicherungsschutz zu achten und sich nicht mit Teilleistungen zufrieden zu geben!

In der PKV gibt es aber auch Fälle, die grundsätzlich nicht versichert sind, selbst wenn sie teilweise in den Leistungsumfang der GKV fallen. Derartige Einschränkungen sind in § 5 der Allgemeinen Versicherungsbedingungen (AVB) für die Krankheitskostenversicherung genannt.

Originalwortlaut der Allgemeinen Versicherungsbedingungen für die Krankheitskostenversicherung zur Einschränkung der Leistungspflicht

§ 5
1. Keine Leistungspflicht besteht
a) für solche Krankheiten einschließlich ihrer Folgen sowie für Folgen von Unfällen und für Todesfälle, die durch Kriegsereignisse verursacht oder als Wehrdienstbeschädigung anerkannt und nicht ausdrücklich in den Versicherungsschutz eingeschlossen sind;
b) für auf Vorsatz beruhende Krankheiten und Unfälle einschließlich deren Folgen sowie für Entziehungsmaßnahmen einschließlich Entziehungskuren;
c) für Behandlung durch Ärzte, Zahnärzte, Heilpraktiker und in Krankenanstalten, deren Rechnungen der Versicherer aus wichtigem Grunde von der Erstattung ausgeschlossen hat, wenn der Versicherungsfall nach der Benachrichtigung des Versicherungsnehmers über den Leistungsausschluß eintritt. Sofern im Zeitpunkt der Benachrichtigung ein Versicherungsfall schwebt, besteht keine Leistungspflicht für die nach Ablauf von drei Monaten seit der Benachrichtigung entstandenen Aufwendungen;

d) für Kur- und Sanatoriumsbehandlung sowie für Rehabilitationsmaßnahmen der gesetzlichen Rehabilitationsträger, wenn der Tarif nichts anderes vorsieht;
e) für ambulante Heilbehandlung in einem Heilbad oder Kurort. Die Einschränkung entfällt, wenn die versicherte Person dort ihren ständigen Wohnsitz hat oder während eines vorübergehenden Aufenthaltes durch eine vom Aufenthaltszweck unabhängige Erkrankung oder einen dort eingetretenen Unfall Heilbehandlung notwendig wird;
f) (entfallen);
g) für Behandlungen durch Ehegatten, Eltern oder Kinder. Nachgewiesene Sachkosten werden tarifgemäß erstattet;
h) für eine durch Pflegebedürftigkeit oder Verwahrung bedingte Unterbringung.

1.1 Abweichend von Abs. 1 sind die in einem Heilbad oder Kurort entstandenen Kosten erstattungspflichtig.

1.2 Für Kosten von kosmetischen Behandlungen und für Pflegepersonal besteht keine Leistungspflicht.

1.3 Kosten für Nähr- und Stärkungsmittel sowie kosmetische Erzeugnisse, für sanitäre Bedarfsartikel sowie die Beschaffung und Ausleihung von Heilapparaten fallen nicht unter den Versicherungsschutz; das gleiche gilt für Ersatzbatterien, Ladegeräte u. ä. von Hör- und Sprechgeräten.

1.4 Keine Leistungspflicht besteht bei Inanspruchnahme gewerblich betriebener privater Diagnostikinstitute und -kliniken.

2. Übersteigt eine Heilbehandlung oder sonstige Maßnahme, für die Leistungen vereinbart sind, das medizinisch notwendige Maß, so kann der Versicherer seine Leistungen auf einen angemessenen Betrag herabsetzen.

2.1 Soweit es ohne Gefährdung der Gesundheit zulässig ist, muß der Heilbehandler in der Sprechstunde aufgesucht werden, andernfalls sind die Mehrkosten nicht erstattungsfähig.

3. Besteht auch Anspruch auf Leistungen aus der gesetzlichen Unfallversicherung oder der gesetzlichen Rentenversicherung auf eine gesetzliche Heilfürsorge oder Unfallfürsorge, so ist der Versicherer, unbeschadet der Ansprüche des Versicherungsnehmers auf Krankenhaustagegeld, nur für die Aufwendungen leistungspflichtig, welche trotz der gesetzlichen Leistungen notwendig bleiben.

4. Soweit Anspruch gegeben ist, sind die Leistungen aus einer bestehenden gesetzlichen Krankenversicherung zuerst in Anspruch zu nehmen.

Praxis-Tip:

Vor Inanspruchnahme einer derartigen Leistung oder Behandlung unbedingt zuerst den Versicherer fragen!

Persönlicher Gesundheitszustand ist ausschlaggebend

Der Beitrag für eine PKV ist nicht nur vom Geschlecht und Eintrittsalter abhängig. Ganz entscheidend ist auch der Gesundheitszustand der versicherten Person bei Antragsannahme. Im Gegensatz zur gesetzlichen Krankenversicherung besteht in den meisten Fällen kein Aufnahmezwang. Leidet beispielsweise jemand an einer schweren Erkrankung, kann der private Krankenversicherer den Antrag entweder ablehnen, einen medizinischen Wagnisausgleich (Risikozuschlag) verlangen oder die entsprechende Krankheit für den eventuellen Leistungsfall ausschließen.

Verschweigen von Erkrankungen

Es ist dringend ratsam, den tatsächlichen Gesundheitszustand bei Beantragung einer PKV wahrheitsgemäß bekanntzugeben.

Denn: Wer lügt, muß mit späteren Leistungsausschlüssen rechnen – und das kann teuer werden. Wenn nämlich der Versicherer im nachhinein erfährt, daß eine Erkrankung verschwiegen wurde und nun aber dafür Behandlungskosten in Rechnung gestellt werden, ist er von der Verpflichtung zur Leistung frei. Im Fachjargon heißt diese Tatsache: „Verletzung der vorvertraglichen Anzeigepflicht".

Aber es kann noch schlimmer kommen. Nicht nur, daß keine Kostenerstattung in diesem Fall vorgenommen wird, Sie müssen auch damit rechnen, daß die Gesellschaft den Vertrag unter Umständen kündigt. Zwar kann der private Krankenversicherer ansonsten nicht kündigen, doch im Falle der vorvertraglichen Anzeigepflichtverletzung besteht diese Möglichkeit.

Was bedeutet das für den Versicherten? – Kaum eine andere private PKV wird sich in dem Fall bereit erklären, einen entsprechenden neuen Antrag zu akzeptieren. Und unter Umständen gibt es auch kein Zurück mehr in die GKV.

> **Praxis-Tip:**
>
> Lügen können teuer werden. Daher ist der Beantwortung von Gesundheitsfragen in der PKV besondere Sorgfalt zu schenken!

Die Kündigungsmöglichkeit der Versicherer gilt selbstverständlich nur dann, wenn den Versicherten oder Versicherungsnehmer ein Verschulden trifft. Für den Fall einer unverschuldeten Obliegenheitsverletzung haben die meisten Gesellschaften auf das Kündigungsrecht verzichtet. Dann allerdings steht dem Versicherer laut § 41 des Versicherungsvertragsgesetzes eine höhere Prämie zu; aber dieser Paragraph ist in den Bedingungen der meisten Unternehmen ausgeschlossen.

Welche Faktoren den Beitrag beeinflussen können

Im Gegensatz zur gesetzlichen Krankenkasse richten sich die Prämien in der PKV nicht nach dem Einkommen. Der Beitrag für eine PKV ist abhängig von folgenden Faktoren:

- Eintrittsalter der zu versichernden Person
- Geschlecht
- Derzeitiger Gesundheitszustand einschließlich Vorerkrankungen
- Wahl der gewünschten Leistungen und eventueller Selbstbeteiligung

Für die einmal festgelegten Leistungen gilt das Eintrittsalter zu Beginn der Versicherung. Die Beiträge werden nicht altersbedingt erhöht, sofern keine Änderung oder Ergänzung des Versicherungsschutzes gewünscht wird. Zwar steigen auch bei den privaten Versicherern die Prämien – das sind dann jedoch ausschließlich Sanierungsmaßnahmen, die aufgrund steigender Kosten im Gesundheitswesen durchgeführt werden müssen (die auch zwangsläufig in der GKV zum Tragen kommen).

Frauen in der PKV

Frauen werden in der Lebensversicherung wegen ihrer höheren Lebenserwartung durch günstigere Prämien belohnt. In der PKV ist das umgekehrt: Eine Frau muß grundsätzlich höhere Beiträge leisten als ein Mann mit demselben Eintrittsalter und gleichem Versicherungsschutz.

Gesundheitszustand und Vorerkrankungen

Schließlich sind noch der augenblickliche Gesundheitszustand und Vorerkrankungen von Bedeutung. Wem bekannt ist, daß er aufgrund eines Leidens demnächst stationär behandelt werden muß, hat keine Chance, die Leistung eines privaten Krankenversicherers zu beanspruchen, indem er wenige Tage oder Monate vor einer notwendigen Operation seine Versicherung wechselt. Ebenso ist die Beantragung eines Krankenhaustagegelds für Schwangere nicht sinnvoll, wenn die Entbindung in wenigen Tagen oder Wochen geplant ist und damit auf eine Versicherungsleistung spekuliert wird – denn in diesen Fällen zahlt die Versicherung nicht.

Leistungsvereinbarungen

Ferner ist für die Beitragsberechnung entscheidend, welche Leistungen und eventuelle Selbstbeteiligungen gewünscht werden. Selbstverständlich ist es ein Unterschied, ob für den stationären Bereich ein Einbettzimmer mit privatärztlicher Betreuung gezahlt werden muß, oder ob Regelleistungen im Mehrbettzimmer erstattet werden müssen. Ebenso kostet verständlicherweise die 80 %ige oder 100 %ige Zahnersatzleistung mehr, als die Erstattung von nur 60 %. Und schließlich ist es ein Unterschied, ob der oder die Versicherte einen Selbstbehalt von 200,– DM, 500,– DM, 1.000,– DM oder mehr trägt und diesen Anteil aus eigener Tasche zahlt.

Muß der Privatpatient alle Rechnungen vorfinanzieren?

Selbst wenn keine Selbstbeteiligung für den Leistungsfall vorgesehen ist, wäre es ein unsinniger Kostenaufwand, die Erstattung von beispielsweise 30,– DM an die Apotheke vom Versicherer direkt vornehmen zu lassen. Das würde einen übergroßen Verwaltungsaufwand zur Folge haben, und die Beiträge zur privaten Krankenversicherung müßten sich gewaltig erhöhen. Zum einen sind solche Erstattungsmöglichkeiten nicht vorgesehen, und zum anderen wären sie, wie gesagt, unwirtschaftlich.

Folglich zahlt der Privatpatient kleinere Rechnungsbeträge und Arzneimittelrechnungen selbst und läßt sie sich erst im Laufe des

Jahres vom Versicherer erstatten. Anders sieht es mit Arztrechnungen aus, deren Höhe die finanzielle Kapazitätsgrenze des Patienten vielleicht übersteigt. In dem Fall kann vereinbart werden, daß die Versicherungsgesellschaft die Erstattung direkt an den Arzt vornimmt. Dasselbe gilt auch für den stationären Bereich.

Es ist also keinesfalls so, daß der Versicherte tausende Mark vorfinanzieren muß und irgendwann später sein Geld von der Krankenversicherung zurückerhält.

Zusatzverträge für gesetzlich Krankenversicherte

Wer gesetzlich krankenversichert ist (ob er will oder muß), braucht grundsätzlich auf die Vorteile eines Privatpatienten nicht zu verzichten. Denn viele Leistungen der PKV können auch für den gesetzlich Krankenversicherten vereinbart werden; z. B. Ergänzungsversicherung zur

- ambulanten Heilbehandlung
- stationären Heilbehandlung
- zahnärztlichen Behandlung und Zahnersatz
- Krankenhaustagegeld
- Krankentagegeld
- Auslandsreise-Krankenversicherung

Die einzelnen Leistungen für diese Bereiche sind je nach Gesellschaft unterschiedlich. Die Beiträge werden individuell kalkuliert und können ebenfalls verschieden sein; ferner sind das Geschlecht und das Eintrittsalter für die Beitragsberechnung von Bedeutung. Die nachfolgende Beschreibung stellt die wesentlichen Leistungsmerkmale von Zusatzversicherungen heraus.

Ambulante Heilbehandlung

Oftmals beinhaltet ein solcher Zusatztarif die Kostenerstattung für Leistungen, die eine GKV grundsätzlich ablehnt. Das kann u. a. die Behandlung durch einen zugelassenen Heilpraktiker oder Homöopathen sein. In den meisten Fällen erfolgt jedoch keine volle Kostenübernahme, sondern nur ein Teil.

Ferner kann der Brillenträger eine Leistungsverbesserung vereinbaren, daß beispielsweise die Hälfte der Kosten für die Gläser und zu einem bestimmten Anteil die Aufwendungen für das Gestell ersetzt werden.

Die meisten privaten Krankenversicherer setzen für solche Leistungsvereinbarungen eine Selbstbeteiligung voraus oder haben gewisse Höchstbeträge in DM oder prozentual vorgesehen.

Stationäre Heilbehandlung

Es ist zweifellos ein Unterschied, ob der Patient bei Krankenhausaufenthalt in einem Ein- bzw. Zweibettzimmer oder im Mehrbettzimmer untergebracht wird. Mit der privaten Krankenzusatzversicherung können Sie sich diesen Luxus für relativ wenig Geld erlauben.

Darüber hinaus ist es möglich, die Kosten für die Leistung des Chefarztes zu versichern – ob im Rahmen der Gebührenordnung für Ärzte oder darüber hinaus ist Vereinbarungssache.

Zahnärztliche Behandlung und Zahnersatz

Aufgrund der sozialen Grundversorgung stellt die zahnärztliche Behandlung kein entscheidendes Problem dar. Im Bereich der Kostenübernahme bei notwendigem Zahnersatz muß der GKV-Versicherte allerdings tief in die Tasche greifen. Denn von der GKV werden ab 1998 nur noch geringere Festzuschüsse gewährt.

Mit einer entsprechenden privaten Zusatzversicherung kann dieser Eigenanteil gewaltig reduziert werden. Hier werden nämlich in der Regel 20 % dieser Kosten übernommen – bei wenigen Versicherern sogar bis zu 40 % unter bestimmten Voraussetzungen.

Entscheidend ist aber auch, daß viele PKV-Unternehmen diese Kostenerstattung nicht von den gesetzlich vorgesehenen Regelleistungen berechnen, sondern vom tatsächlichen Rechnungsbetrag des Zahnarztes ausgehen.

Achtung:
Weil alle, die nach dem 31.12.1978 geboren wurden, keinen Anspruch auf Zahnersatz haben, ist eine private Zusatzabsicherung dringend ratsam. Denn somit kann ebenfalls der Betrag versichert werden, den die GKV nicht mehr übernimmt.

Krankenhaustagegeld

Im Krankheitsfall erhält der gesetzlich versicherte Arbeitnehmer grundsätzlich eine (oftmals geminderte) Lohnfortzahlung für sechs Wochen; danach erhält er ein Krankentagegeld. Ein Krankenhaustagegeld ist von der GKV nicht vorgesehen; statt dessen muß der Patient für die ersten vierzehn Tage des Krankenhausaufenthalts einen Eigenanteil leisten.

Die Notwendigkeit einer entsprechenden Zusatzversicherung besteht für den Arbeitnehmer im Grunde nicht; es sei denn, der Eigenanteil für diese 14 Tage soll mit abgesichert werden.

Für Babys und Kleinkinder ist der Abschluß eines Krankenhaustagegeldes hingegen sehr sinnvoll, weil damit mögliche Kosten bei „Rooming in" abgesichert werden können. Wenn das Kind in stationäre Behandlung muß, ist es oft notwendig, daß die Mutter oder der Vater die Möglichkeit haben, in demselben Zimmer im Krankenhaus zu übernachten.

Krankentagegeld

Im Krankheitsfall erhält der GKV-Versicherte eine sechswöchige (oftmals geminderte) Lohnfortzahlung. Danach zahlt die GKV ein Krankentagegeld. Die Höhe beträgt 70 % des bis zur Beitragsbemessungsgrenze zu berücksichtigenden Bruttoarbeitsentgelts – maximal jedoch das Nettogehalt. Die Beiträge zur gesetzlichen Renten- und Arbeitslosenversicherung werden mit dem hälftigen Anteil vom Krankentagegeld abgezogen. Beiträge zur GKV müssen während dieser Zeit nicht entrichtet werden.

Die GKV sieht eine Begrenzung für die Dauer des Krankengeldbezugs vor; diese beträgt 78 Wochen (= 1 1/2 Jahre) wegen derselben Krankheit innerhalb von drei Jahren (abzüglich der jeweiligen Lohnfortzahlung von sechs Wochen).

Da in der Regel ab der siebten Woche im Krankheitsfall ein Teil des sonst üblichen Nettoeinkommens entfällt, ist die Vereinbarung eines privaten Krankentagegelds ab diesem Zeitpunkt ratsam. Die gesamte Höhe (gesetzlich und privates Krankentagegeld) darf das übliche Nettoeinkommen nicht überschreiten. Die meisten Gesellschaften bieten das Krankentagegeld in Verbindung mit Zusatzversicherungen nur für begrenzte Dauer an. Bei Berufs- oder Erwerbsunfähigkeit endet ohnehin die Leistungspflicht.

Beihilfe für Beamte und Angestellte im öffentlichen Dienst

3

Was bedeutet „freie Heilfürsorge"? 46

Sinn und Zweck von
Anwartschaftsversicherungen 47

Wie sehen die Beihilfeansprüche aus? 49

Anpassung an das Gesundheits-
strukturgesetz 52

Private Absicherung der Restkosten 54

Ansprüche der Angestellten
im öffentlichen Dienst 54

Was bedeutet „freie Heilfürsorge"?

Der Betroffene braucht zunächst einmal keine private Restkostenversicherung, weil der Dienstherr (Bund oder Land) alle notwendigen Krankenbehandlungen sicherstellt. Das gilt für Polizeibeamte, Bundeswehrsoldaten und kasernierte Beamte des Bundesgrenzschutzes. Eine Behandlung erfolgt in der Regel durch truppeneigene Ärzte. Ist dennoch eine Überweisung ins Krankenhaus erforderlich, werden auch diese Kosten grundsätzlich übernommen.

Aber Achtung!

Zu dieser Regelung gibt es Ausnahmen, wonach sich jeder Betroffene erkundigen sollte. So zum Beispiel gilt die freie Heilfürsorge u. a. nicht unbegrenzt für Polizeibeamte in Nordrhein-Westfalen. Zwar wird dieser Schutz geboten – aber nicht für einen stationären Aufenthalt. Ist eine Krankenhausbehandlung angesagt, wird lediglich eine Beihilfe gewährt, deren Höhe wir im weiteren Verlauf noch kennenlernen werden.

Familienangehörige

Familienangehörige haben übrigens generell keinen Anspruch auf freie Heilfürsorge. Für diesen Personenkreis kommt die Beihilferegelung zum Tragen.

Ausscheiden der Beamten

Scheidet ein Beamter, der zuvor Anspruch auf freie Heilfürsorge hatte, aus seiner dienstaktiven Phase aus und wird Versorgungsempfänger, erlischt dieser Anspruch. An Stelle dessen tritt ab dem Zeitpunkt der Anspruch auf Beihilfe.

Das hat dann zur Folge, daß die eventuell entstehenden Behandlungskosten nicht mehr in voller Höhe übernommen werden.

Und wer erst zu diesem Zeitpunkt auf den Gedanken kommt, eine private Restkostenversicherung abschließen zu wollen, wird sich wundern; denn die Kosten hierfür sind aufgrund des dann höheren Eintrittsalters wesentlich höher als in jungen Jahren.

Sinn und Zweck von Anwartschaftsversicherungen

Private Krankenversicherer gewähren ihren Versicherungsschutz grundsätzlich nur dann, wenn die zu versichernde Person bei Antragstellung gesund ist und keine erheblichen Vorerkrankungen vorliegen. Das kann unter Umständen dazu führen, daß ein Antrag eventuell nur noch mit **Leistungsausschlüssen oder Risikozuschlägen** angenommen wird, sofern zuvor eine kostenintensive Krankenbehandlung notwendig war.

Für jemanden, der momentan die **freie Heilfürsorge** genießt, kann das später zu Problemen führen, da zum Beispiel ein Versorgungsempfänger diesen Anspruch nicht mehr hat und die dann gültige Beihilfe ergänzend absichern will. Die Lösung ist recht einfach und preiswert:

Die Anwartschaftsversicherung

Sie gilt unter anderem für die Dauer des Anspruchs auf freie Heilfürsorge und sichert dem Betroffenen zu, daß er ohne erneute Gesundheitsprüfung trotz späterer Vorerkrankungen seine Anwartschaftsversicherung in die dann notwendige bzw. sinnvolle **Restkostenversicherung für Beihilfeempfänger** umwandeln kann.

Wichtig:

Die Beiträge des späteren Beihilfetarifs richten sich nicht nach dem dann gültigen Eintrittsalter, sondern nach dem Alter, wann der Anwartschafts-Vertrag geschlossen wurde (zwischenzeitliche Beitragsanpassungen müssen selbstverständlich berücksichtigt werden). Das setzt selbstverständlich voraus, daß es sich um die sogenannte **große Anwartschaftsversicherung** handelt.

Im Gegensatz dazu gibt es die **kleine Anwartschaftsversicherung**, die zwar wesentlich preiswerter ist, aber bei späterer Umwandlung nicht vom ursprünglichen, sondern vom dann gültigen neuen Eintrittsalter ausgeht.

Beitragshöhe

Der Beitrag einer Anwartschaftsversicherung richtet sich nach

- dem augenblicklichen Eintrittsalter
- dem Geschlecht
- der Dauer der eventuellen Vorversicherungszeit bei derselben Gesellschaft.

Er liegt in der Regel zwischen fünf und 25 % des derzeit gültigen Beitrags für eine Restkosten- oder Vollversicherung.

Gültigkeit

Die Anwartschaftsversicherung gilt übrigens nicht nur für Beamte, die derzeit freie Heilfürsorge genießen, sondern auch für andere privatkrankenversicherte Personen, die vorübergehend anderweitig versichert werden müssen. Das kann der Fall sein bei:
- einer Krankenversicherungspflicht
- eines Anspruchs auf Familienversicherung
- eines Anspruchs auf freie Heilfürsorge

- eines vorübergehenden Auslandaufenthalts *
- einer wirtschaftlichen Notlage *
  - Wegfall einer in den allgemeinen Versicherungsbedingungen bestimmten Voraussetzung für die Versicherungsfähigkeit
  - einer Berufsunfähigkeit im Sinne der Versicherungsbedingungen

* = Die Anwartschaftsversicherung kann in diesem Fall nur für eine im voraus zeitlich fest begrenzte Dauer vereinbart werden (genannt: befristete Anwartschaftsversicherung).

Wie sehen die Beihilfeansprüche aus?

Klären wir vorab, welche Personen überhaupt beihilfeberechtigt sind. Es handelt sich dabei um:

- Beamte
- Beamte im Vorbereitungsdienst (= Beamtenanwärter)
- Richter
- Auszubildende und Praktikanten, die in einem öffentlich-rechtlichen Ausbildungsverhältnis stehen
- Beamte und Richter im Ruhestand
- Witwen, Witwer und Kinder von Beamten und Richtern, und von Beamten im Vorbereitungsdienst sowie von Beamten und Richtern im Ruhestand
- Angestellte und Arbeiter, die im öffentlichen Dienst tätig sind. Achtung: das gilt jedoch nicht in allen Fällen!

Liegen die Voraussetzungen für die Gewährung von Beihilfe vor (u. a. die Zahlung von laufenden Bezügen), sehen die Beihilfebemessungssätze in vielen Bundesländern wie folgt aus:

Beihilfeberechtigte Personen	Beihilfesatz für ...		
	den Beihilfeberechtigten selbst	Ehepartner	Kinder
Aktiver Beihilfeberechtigter mit weniger als zwei berücksichtigungsfähigen Kindern	50 %	70 %	80 %
Aktiver Beihilfeberechtigter mit mindestens zwei berücksichtigungsfähigen Kindern	70 %	70 %	80 %
Ruhestandsbeamte und Beamtenwitwen	70 %	70 %	80 %
Waisen, die als solche beihilfeberechtigt sind	–	–	80 %

Wichtig:

Übrigens haben Teilzeitkräfte im öffentlichen Dienst nur einen Beihilfeanspruch von 35 % (wenn überhaupt)!

Beihilfe bei Leistungsausschlüssen in der privaten Restkostenversicherung

Der jeweilige Beihilfebemessungssatz wird um 20 % (maximal auf gesamt 90 %) erhöht, wenn eine private Krankenversicherung zu bestimmten Krankheiten keine Leistung erbringt und diese vorher ausgeschlossen wurden. Das kann vorkommen, wenn der Versicherte an entsprechenden Vorerkrankungen leidet, die für das PKV-Unternehmen ein zu großes Kostenrisiko darstellen.

Die genannten Beihilfesätze des Bundes gelten auch für die neuen Bundesländer. **Wenige Länder haben noch eigene Landesbestimmungen, die zum Teil von der Bundesbeihilferegelung stark abweichen.**

Alle Beihilfebemessungssätze beziehen sich auf die in Rechnung gestellten Arzthonorare, sofern diese im Rahmen der gültigen Gebührenordnung liegen. In Ausnahmefällen kann der Gebührensatz zwar bis zu einer maximal festgesetzten Höhe überschritten werden; aber nur, wenn eine schriftliche Begründung des behandelnden Arztes vorgelegt wird.

Folgende Aufwendungen sind in vielen Bundesländern beihilfefähig:

- Ambulante Heilbehandlung (durch einen Arzt oder Heilpraktiker) in der Regel die in Rechnung gestellten Honorare.

- Stationäre Behandlung: Außer den Regelleistungen im Mehrbettzimmer besteht ein Anspruch auf Beihilfe bei Unterbringung im Zweibettzimmer und privatärztliche Behandlung.

- Zahnarztkosten: in der Regel die in Rechnung gestellten Beträge.

Ausnahme:

Zahnersatz. Hier gilt, daß die Material- und Laborkosten maximal in Höhe von 60 % des Beihilfebemessungssatzes erstattet werden, wobei nur die gesetzlich festgelegten Materialien Berücksichtigung finden. Bei Aufwendungen für Edelmetalle und Keramikverblendungen beträgt die Beihilfe 50 % des jeweiligen Bemessungssatzes.

Anmerkung:

Kurzfristig mögliche Gesetzesänderungen können zu einer Abweichung dieser Darstellung führen.

Anpassung an das Gesundheitsstrukturgesetz

Die Anpassung an das Gesundheitsstrukturgesetz bedeutet auch für den Beamten bzw. den vorgenannten Personenkreis, daß er von Veränderungen im Gesundheitswesen nicht verschont bleibt. Denn auch hier wurden Zuzahlungen vereinbart, die nicht mehr beihilfefähig sind (auch wenn einige Änderungen sogar mit dem Gesundheitsstrukturgesetz nichts mehr gemeinsam haben):

Selbstbeteiligung bei Arznei- und Verbandmittel

Genau wie der GKV-Versicherte muß folgende Zuzahlung für jedes verordnete Arznei- und Verbandmittel erfolgen (Ausnahme: Personen unter 18 Jahren und Empfänger von Versorgungsbezügen bis zum Mindestruhegehalt):

9,– DM für kleinere Arzneimittelpackungen

11,– DM für mittlere Arzneimittelpackungen

13,– DM für große Arzneimittelpackungen

Sind für Arznei- und Verbandmittel Festbeträge vorgesehen, so sind darüber hinausgehende Aufwendungen nicht beihilfefähig.

Brillen und Kontaktlinsen

Für die erneute (nicht erstmalige) Beschaffung einer Brille oder von Kontaktlinsen reicht die Refraktionsbestimmung eines Augenoptikers aus. Die Kosten hierfür sind bis zu 25,– DM je Sehhilfe beihilfefähig. Bei erstmaliger Anschaffung einer Brille muß in jedem Fall eine ärztliche Verordnung vorliegen, um Anspruch auf Beihilfe zu erhalten.

Für die Kosten von Brillen und Gläsern gelten folgende beihilfefähige Höchstgrenzen (Stand 1997):

- Brillenfassung = 0,– DM
- Einstärkengläser = beihilfefähiger Höchstbetrag 80,– DM
- Mehrstärkengläser = beihilfefähiger Höchstbetrag 180,– DM

Selbstbeteiligung im Krankenhaus (Zweibettzimmer)

Der Kürzungsbetrag bei den Kosten des Zweibettzimmers wurde auf 24,– DM täglich erhöht und ist für die gesamte Dauer des Krankenhausaufenthalts zu zahlen.

Zahnärztlicher Bereich:

Für Beamte auf Widerruf im Vorbereitungsdienst ist die Beihilfefähigkeit von Aufwendungen für Zahnersatz, Inlays, Zahnkronen, Kieferorthopädie, funktionsanalytische und funktionstherapeutische Leistungen sowie implantologische Leistungen ausgeschlossen. Das gilt auch für deren Angehörige.

Ausnahme:

Leistungsanspruch für den Beamten auf Widerruf im Vorbereitungsdienst besteht dennoch, wenn er während seines Vorbereitungsdienstes einen Unfall erleidet, der eine der vorgenannten Leistungen notwendig macht.

Kieferorthopädische Leistungen sind nur beihilfefähig, wenn die behandelte Person bei Behandlungsbeginn das 18. Lebensjahr noch nicht vollendet hat; es sei denn, eine schwere Kieferanomalie erfordert eine kieferchirurgische und -orthopädische Behandlung. Darüber hinaus haben Personen, die nach dem 31.12.1978 geboren wurden, keinen Anspruch auf Kostenerstattung für Zahnersatz. – In dem Fall ist eine private Zusatzabsicherung dringend ratsam.

Private Absicherung der Restkosten

Wie wir gesehen haben, werden durch die Beihilfen nur teilweise die Kosten einer Krankenbehandlung erstattet. Zwar besteht keine Pflicht, sich darüber hinaus abzusichern, aber es ist in jedem Fall anzuraten, die Differenzkosten mit einer zusätzlichen Versicherung abzudecken.

Sicherlich mag sich der eine oder andere für die Form der GKV entscheiden; aber sie eignet sich für diesen Personenkreis nur in den wenigsten Fällen. Schließlich werden die Beiträge dort ausschließlich nach dem jeweiligen Einkommen ermittelt und sind daher in aller Regel zu hoch. Ferner besteht kein optimaler Versicherungsschutz, denn die gesetzlichen Krankenkassen gewähren Sachleistungen – d. h. sie rechnen mit den Kassenärzten, Krankenhäusern, Apotheken, Optikern usw. direkt ab. Laut Beihilfeverordnung werden jedoch zu Sachleistungen keine Beihilfen gezahlt, da in diesen Fällen dem Versicherten keine oder nur geringe Kosten entstehen.

> **Praxis-Tip:**
>
> Als sinnvollste Alternative bleibt für die meisten eine Absicherung der jeweiligen Restkosten über die private Krankenversicherung. Hier werden Tarife geboten, die oftmals sogar im Bereich des Zahnersatzes eine 100 %ige Leistung (einschließlich des Beihilfeanspruchs) absichern. Ein Preis-/Leistungsvergleich ist lohnend, zumal sich die Beiträge recht unterschiedlich darstellen.

Ansprüche der Angestellten im öffentlichen Dienst

Angestellte im öffentlichen Dienst haben in ihrer berufsaktiven Zeit oftmals **keinen Anspruch auf Beihilfe**. Daher kommt für sie die gesetzliche bzw. private Krankenversicherung in Frage.

● Preiswerter Versicherungsschutz im Ruhestand

Ferner ist zu beachten, daß dieser Personenkreis im Ruhestand oftmals auch keinen Anspruch auf Beihilfe hat; selbst dann, wenn er ihnen in der Berufszeit gewährt wurde. In diesen Fällen ist die GKV oder PKV eine sinnvolle Alternative, wenn es darum geht, auch später preiswerten Versicherungsschutz zu erlangen. Dasselbe gilt auch für Teilzeitkräfte im öffentlichen Dienst, die entweder keinen oder nur einen 35 %igen Beihilfeanspruch haben.

Achtung:

Wer sich in solchen Fällen mit der Beihilferegelung zufrieden gibt, kann im Rentenalter enttäuscht werden. Soll nämlich dann der private Restkostentarif in eine private Krankenvollversicherung umgewandelt werden, ist das jeweilige Eintrittsalter und der Gesundheitszustand für die Beitragsberechnung maßgebend. Ebenfalls ist ein Zurück in die GKV kaum möglich.

● Zuschuß zur Krankenversicherung

Angestellte im öffentlichen Dienst können sich allerdings entscheiden, ob sie den Beihilfeanspruch oder wie Angestellte der freien Wirtschaft den üblichen hälftigen Zuschuß zur Krankenversicherung (maximal gilt der durchschnittliche Höchstbeitrag) wünschen. Bei Wahl der Zuschußvereinbarung (statt Beihilfe) sind die Bezüge ausschlaggebend, ob eine private Krankenversicherung, die freiwillige GKV oder gesetzliche Pflichtversicherung in Frage kommt.

Praxis-Tip:

Für die GKV gelten auch dann die üblichen Beitragsbemessungsgrenzen.

Beiträge zur privaten Restkostenversicherung

Dies können Sie in der nachfolgenden Darstellung erkennen. Dort werden Beihilfen von 50 % unterstellt. Für den Fall, daß die jeweiligen Ansprüche höher sind, kann grundsätzlich mit den genannten Zahlen prozentual gerechnet werden, wobei natürlich Schwankungen möglich sind. Bemerken Sie auch, daß die verschiedenen PKV-Gesellschaften derartige Tarife unterschiedlich kalkulieren und die hier genannten Beiträge lediglich einen Anhaltspunkt bieten und sowohl nach oben als auch nach unten abweichen können.

Alter bei Beginn der Restkostenversicherung	Durchschnittsbeiträge zur privaten Restkostenversicherung (in DM) bei angenommener Beihilfe von 50 %	
	Mann	Frau
ab 21 Jahre*	180,–	240,–
ab 31 Jahre	230,–	270,–
ab 41 Jahre	300,–	300,–
ab 51 Jahre	390,–	370,–
ab 61 Jahre	490,–	400,–

(Stand 1997)
* Jüngere Personen zahlen geringere Beiträge.

Praxis-Tip:

Beihilfeberechtigte Familienangehörige ohne eigenes Einkommen sollten separat die jeweiligen Restkosten absichern, weil die PKV keine kostenfreie Mitversicherung vorsieht.

Wie im einzelnen die Leistungsbeschreibung zu einem solchen Tarif aussehen kann, ist in der Übersicht auf Seite 58 ff. dargestellt (dabei handelt es sich um die Beschreibung eines privaten Krankenversicherungsunternehmens, die jedoch nicht für alle Gesellschaften verbindlich ist).

Beihilfeergänzungstarif

Viele Gesellschaften bieten darüber hinaus einen sogenannten Beihilfeergänzungstarif, der zusätzlich Kosten erstattet, die nicht beihilfefähig sind und auch nicht mit der privaten Restkostenversicherung abgedeckt werden können.

Risikozuschlag

Wer erstmalig in den Genuß von Beihilfeanspruch gelangt, muß bei jedem privaten Krankenversicherer aufgenommen werden (= Kontrahierungszwang). Allerdings dürfen die Versicherer im Bedarfsfall einen Risikozuschlag bei vergangener oder vorliegender Gesundheitsstörung verlangen. Dieser Zuschlag ist jedoch auf 100 % der normalen Prämie begrenzt.

Leistungsbeschreibung eines privaten Krankenversicherers über die Restkostenversicherung von Beihilfeberechtigten (Beispiel)

Ambulante Behandlung

50 % der Aufwendungen für
- ambulante Heilbehandlung und Gesundheitsvorsorge durch Ärzte und Heilpraktiker,
- Arzneien und Verbandmittel,
- Heil- und Hilfsmittel, häusliche Behandlungspflege,
- Notfall-Rettungsdienst,
- psychotherapeutische ambulante Behandlung bis zu … Sitzungen pro Kalenderjahr (die Zahl der Sitzungen ist je nach Versicherung unterschiedlich),
- Brillen und Kontaktlinsen bis zu einem Rechnungsbetrag von 300,– DM pro Kalenderjahr.

Stationäre Behandlung

50 % der Aufwendungen für

- Unterbringung, Verpflegung und Behandlung als Regelleistungen,
- gesondert berechnete ärztliche Leistungen,
- gesondert berechnete Unterkunft und Verpflegung im Zweibettzimmer,
- Transport im Krankenwagen, im Notfall-Rettungsdienst auch mit dem Hubschrauber, je Versicherungsfall bis zu 100 km, mindestens aber bis zum nächstgelegenen geeigneten Krankenhaus,
- Unterbringung, Verpflegung und Behandlung in Sanatorien bis zu einem Rechnungsbetrag von 30,– DM je Aufenthaltstag für längstens 28 Tage innerhalb von drei aufeinanderfolgenden Kalenderjahren.

Zahnbehandlung

- 50 % der Aufwendungen für allgemeine und prophylaktische zahnärztliche Leistungen, konservierende und chirurgische Zahnbehandlung einschließlich Röntgenleistungen, Leistungen bei Erkrankungen der Mundschleimhaut und des Parodontiums, prothetische und kieferorthopädische Leistungen, Aufbißbehelfe und Schienen, funktionsanalytische, funktionstherapeutische und implantologische Leistungen einschließlich der Leistungen für zahntechnische Leistungen (Material- und Laborkosten mit Ausnahme der Materialkosten für Edelmetalle und Keramikverblendungen), 60 % der Materialkosten für Edelmetalle und Keramikverblendungen.

Zu Beginn der Versicherung sind die erstattungsfähigen Aufwendungen auf folgende Höchstsätze begrenzt, wobei die Sätze je nach Versicherung unterschiedlich sind:

... DM = im 1. Kalenderjahr,
... DM = im 2. Kalenderjahr,
... DM = im 3. Kalenderjahr.

Bei zahnärztlicher Behandlung infolge eines Unfalls entfallen diese Höchstsätze.

Wird innerhalb von 30 Tagen nach Antragstellung oder Versicherungsbeginn ein zahnärztlicher Befundbericht vorgelegt, können die Höchstsätze aufgehoben werden.

Auslandsreisekrankenversicherung

100 % der Aufwendungen für
- die Heilbehandlung akut eingetretener Krankheiten und Unfälle im Ausland.
- einen aus medizinischen Gründen erforderlichen Rücktransport. Mitversichert sind die Mehrkosten einer krankheitsbedingt außerplanmäßigen Rückreise sowie die Kosten für eine medizinisch notwendige Begleitperson.

- Beisetzung im Ausland oder Überführung im Todesfall. Der Versicherungsschutz gilt weltweit während der ersten sechs Wochen jeder Reise.

Arztkosten sind im Rahmen der in der Bundesrepublik geltenden Gebührenordnungen erstattungsfähig.

Beitragsrückerstattung

Sollten Sie Leistungen nicht in Anspruch nehmen, werden Ihnen aus allen Kostenerstattungstarifen bis zu ... Monatsbeiträge erstattet (je nach Versicherung unterschiedlich).

Allgemeine Versicherungsbedingungen (AVB)

Den vollständigen Leistungsumfang können Sie den jeweils gültigen AVB entnehmen.

Die optimale Krankenversicherung für Studenten

4

Wann endet die kostenfreie Mitversicherung als Familienangehöriger? .. 62

Wie teuer ist eine eigene Krankenversicherung? 63

Gibt es staatliche Zuschüsse? 66

Welche Leistungen werden im Krankheitsfall erbracht? 66

Wann endet die kostenfreie Mitversicherung als Familienangehöriger?

Die preiswerteste Lösung, krankenversichert zu sein, ist für Studenten die kostenfreie Mitversicherung als Familienangehöriger. Das kommt natürlich nur dann zum Tragen, wenn ein Elternteil mit dem höheren Einkommen Mitglied einer GKV ist. In dem Fall ist der oder die Studierende mitversichert – vorausgesetzt:

- kein eigenes Einkommen, das zu einer Pflichtversicherung führt
- Wohnsitz in der Bundesrepublik Deutschland

Preiswerte Sondertarife

Die Mitversicherung endet grundsätzlich mit Vollendung des 25. Lebensjahres. Diese Altersgrenze verlängert sich gegebenenfalls um die Zeit des Wehr- oder Zivildienstes. Da für Studenten generell eine Versicherungspflicht besteht, ist nach diesem Zeitpunkt eine eigene Krankenversicherung notwendig. Hierfür bieten sowohl die gesetzlichen als auch privaten Krankenversicherer preiswerte Sondertarife an.

Versicherungspflicht

Die Versicherungspflicht endet nach dem 14. Fachsemester bzw. bei Vollendung des 30. Lebensjahres. Danach kann sich ein Student freiwillig in der GKV weiterversichern, falls er zuvor mindestens ununterbrochen zwölf Monate gesetzlich versichert war. Eine private Krankenversicherung kann selbstverständlich dann auch abgeschlossen werden, falls die jeweiligen Voraussetzungen hierzu vorliegen.

Wie teuer ist eine eigene Krankenversicherung?

Nach Beendigung der kostenfreien Familienmitversicherung hat der oder die Studierende die Wahl, sich privat oder gesetzlich krankenversichern zu lassen. Da bis zum Abschluß des 14. Fachsemesters bzw. längstens bis zur Vollendung des 30. Lebensjahres Versicherungspflicht besteht, muß sich in jedem Fall für eine der möglichen Krankenversicherungen entschieden werden.

Beiträge zur GKV

Die Beiträge zur GKV sind einheitlich und betragen im Wintersemester 1997/98 monatlich 78,02 DM zuzüglich Pflegeversicherung (alte Bundesländer) und 63,24 DM zuzüglich Pflegeversicherung (neue Bundesländer).

Beiträge zur PKV

Die Beiträge der PKV für Studenten sind ebenfalls bei allen privaten Versicherern gleich und betragen im Jahr 1997 monatlich 151,– DM zuzüglich Pflegeversicherung (alte Bundesländer) und 113,– DM zuzüglich Pflegeversicherung (neue Bundesländer). Nach Vollendung des 30. Lebensjahres erhöht sich der Beitrag in der PKV auf monatlich 206,– DM (West) und 162,– DM (Ost) zuzüglich Pflegeversicherung. Diese Regelung gilt längstens bis zum Alter von 34 Jahren. Die Leistungen der PKV sind im Vergleich zu den sonst angebotenen Möglichkeiten eingeschränkt. Eine entsprechende Tarifbeschreibung ist bei allen privaten Krankenversicherern oder beim Verband der deutschen Krankenversicherer erhältlich.

Ende der Versicherungspflicht

Endet die Versicherungspflicht (nach dem 14. Fachsemester bzw. nach Vollendung des 30. Lebensjahres), kann eine freiwillige Weiterversicherung in der GKV erfolgen, wenn zuvor eine ununterbrochene Mitgliedschaft von mindestens zwölf Monaten bestand. Der Beitrag ist in diesem Fall jedoch höher. Im Jahr 1997 beträgt er 133,79 DM (West) und 112,84 DM (Ost) und ist auf ein halbes Jahr begrenzt; danach muß der Student rund 185,– DM (zuzüglich Pflegeversicherung) zahlen; eine zeitliche Begrenzung gibt es hier nicht – jedoch ist ein Immatrikulationsnachweis erforderlich. Diese Regelung muß aber nicht von allen gesetzlichen Krankenkassen akzeptiert werden.

Dauert das Studium länger als bis zur Vollendung des 34. Lebensjahrs, endet das Versicherungsverhältnis mit den günstigen Prämien in der PKV. Ab diesem Zeitpunkt kann die versicherte Person jedoch eine Weiterversicherung verlangen, muß aber dann die üblichen Normalbeiträge (plus Pflegeversicherung) des jeweiligen Unternehmens zahlen. Dasselbe gilt auch für mitzuversichernde Familienangehörige.

Sind Kinder kostenfrei mitversichert?

Kinder von Studierenden sind übrigens in der GKV kostenfrei mitversichert, wenn sie kein eigenes Einkommen erzielen. Sind beide Ehepartner Studenten, müssen sie je Person (außer den Kindern) die vorgenannten Beiträge leisten. Der nichtberufstätige Ehegatte (ohne Einkommen) eines Studenten muß in der PKV ebenfalls einen eigenständigen Beitrag zahlen (als Studententarif möglich); in der GKV ist der Ehegatte kostenfrei mitversichert, wenn er kein eigenes Einkommen erzielt. In diesem Fall muß die Mitversicherung bei der Krankenkasse jedoch beantragt werden.

Kinder sind in der PKV für Studenten nicht mehr kostenfrei mitversichert, sondern müssen eigene Beiträge zahlen. In 1997 beträgt der Beitrag monatlich 113,– DM (West) und 85,– DM (Ost); das gilt für Kinder bis zum Alter von 15 Jahren. Danach gilt der Tarif für Studenten.

Beiträge (monatlich) für die Krankenversicherung von Studenten in den alten Bundesländern (Wintersemester 1997/98)

Gesetzliche Krankenversicherung		
Beitrag (bis zur Vollendung des 30. Lebensjahres bzw. bis längstens zum 14. Fachsemester)	78,02 DM	1)
Beitrag ab Vollendung des 30. Lebensjahres (begrenzt auf ein halbes Jahr)	133,79 DM	1)
Beitrag nach Ablauf der Halbjahresfrist	ca. 185,- DM	1)
Private Krankenversicherung		
Beitrag (bis zur Vollendung des 30. Lebensjahres)	151,- DM	2)
Beitrag ab Vollendung des 30. Lebensjahres	206,- DM	2)
Beitrag ab Vollendung des 34. Lebensjahres	Normalbeitrag der Versicherten (eintrittsalter- und geschlechtsabhängig)	3)

Beiträge (monatlich) für die Krankenversicherung von Studenten in den neuen Bundesländern (Wintersemester 1997/98)

Gesetzliche Krankenversicherung		
Beitrag (bis zur Vollendung des 30. Lebensjahres bzw. bis längstens zum 14. Fachsemester)	63,24 DM	1)
Beitrag ab Vollendung des 30. Lebensjahres (begrenzt auf ein halbes Jahr)	112,84 DM	1)
Beitrag nach Ablauf der Halbjahresfrist	ca. 150,- DM	1)
Private Krankenversicherung		
Beitrag (bis zur Vollendung des 30. Lebensjahres)	113,- DM	2)
Beitrag ab Vollendung des 30. Lebensjahres	162,- DM	2)
Beitrag ab Vollendung des 34. Lebensjahres	Normalbeitrag der Versicherten (eintrittsalter- und geschlechtsabhängig)	3)

Alle Beträge zuzüglich Pflegeversicherung

1) Ehegatte und Kinder (ohne eigenes Einkommen) sind kostenfrei mitversichert.
2) Ehegatte (ohne eigenes Einkommen) muß zu demselben Beitrag kostenpflichtig mitversichert werden. Für Kinder bis zum 15. Lebensjahr gilt der Beitrag 113,- DM (West) und 85,- DM (Ost); danach gilt für sie derselbe Beitrag wie für den privatversicherten Studenten.
3) Ehegatte und Kinder (ohne eigenes Einkommen) müssen ab diesem Zeitpunkt eintrittsalter- und geschlechtsabhängige Beiträge zahlen.

Gibt es staatliche Zuschüsse?

Für den Fall, daß der oder die Studierende BAFöG erhält, besteht die Möglichkeit eines Zuschusses zur Krankenversicherung. Im Jahre 1997 (Wintersemester) beträgt die Höhe monatlich 75,– DM (bzw. 65,– DM in den neuen Bundesländern). Das gilt sowohl für die private als auch gesetzliche Krankenversicherung. Mit Wegfall des Bezugs von BAFöG endet auch die Gewährung des Zuschusses.

Welche Leistungen werden im Krankheitsfall erbracht?

Leistungen der GKV

Studenten, die in der GKV versichert sind, haben grundsätzlich denselben Leistungsanspruch wie jeder andere dort Versicherte auch. Ein Anspruch auf Krankentagegeld besteht selbstverständlich nicht. Die Zuzahlungsregelungen für Arznei-, Heil- und Hilfsmittel sind ebenfalls wie zuvor beschrieben auch für Studenten gültig.

Leistungen der PKV

In der PKV sind die Leistungen weitgehend mit denen der GKV identisch. Da jedoch aufgrund des vergünstigten Beitrags nicht dieselben Aufwendungen erstattet werden wie sonst bei einem Privatversicherten mit Tarifen für gesondert berechnete Arzthonorare, ist bei Konsultation eines zugelassenen Heilkundigen auf den Studententarif hinzuweisen. Denn sonst kann der Arzt glauben, er hätte es mit einem Privatpatienten zu tun, der die Honorarrechnungen auch oberhalb des sonst üblichen Gebührensatzes erstattet bekommt.

> **Praxis-Tip:**
>
> Die Leistungsbeschreibung für den privaten Studententarif ist bei allen PKV-Unternehmen identisch.

Leistungen bei einem Auslandsaufenthalt

Mit der gesetzlichen Krankenversicherung im Ausland unterwegs 68

Versicherungsschutz der Privat-Krankenversicherten im Ausland 69

Was kostet der optimale Versicherungsschutz? 70

Urlaub oder längere Geschäftsreise? 70

Mit der gesetzlichen Krankenversicherung im Ausland unterwegs

Grundsätzlich besteht außerhalb der Bundesrepublik Deutschland kein Leistungsanspruch aus der GKV, weil dort das deutsche Sozialgesetzbuch keine Gültigkeit hat. Hält sich der Versicherte außerhalb dieses Geltungsbereichs auf, ruht der Anspruch auf Leistung.

Sozialversicherungsabkommen

Mit den Ländern wie u. a. Schweiz, Türkei und Tunesien besteht ein Sozialversicherungsabkommen, ferner mit allen Staaten der Europäischen Union. In diesem Fall ist die Kostenübernahme einer Krankenbehandlung i. d. R. kein Problem.

Selbst wenn dort einige Ärzte gleich zur Kasse bitten, wird in den meisten Fällen der Rechnungsbetrag von der GKV erstattet. Jedoch kann es vorkommen, daß der Versicherte einen Eigenanteil übernehmen muß.

Private Auslandsreise-Krankenversicherung

In Ländern, mit denen kein Sozialversicherungsabkommen besteht, kann die Krankenbehandlung teuer werden; denn es gibt von der GKV keinerlei Erstattung dieser Kosten. Jedoch gibt es zu dieser Regelung eine Ausnahme. Notwendige Behandlungskosten werden nämlich dann erstattet, wenn der Abschluß einer privaten Auslandsreise-Krankenversicherung aus Altersgründen oder wegen einer Vorerkrankung nachweislich nicht möglich ist. Diese Regelung bezieht sich auf private Reisen auch in Staaten außerhalb der Europäischen Union, mit denen kein Sozialversicherungsabkommen besteht, für längstens sechs Wochen im Kalenderjahr.

In allen anderen Fällen ist es empfehlenswert, vor Reiseantritt eine private Auslandsreise-Krankenversicherung abzuschließen. Der Versicherungsschutz erstreckt sich normalerweise auf alle

- notwendigen Behandlungskosten,
- Kosten eines medizinisch nötigen Rücktransports,
- Überführungskosten im Todesfall.

> **Praxis-Tip:**
> Weil die Leistungen je nach Gesellschaft unterschiedlich sind, ist es ratsam, sich rechtzeitig über den benötigten Versicherungsschutz zu informieren.

Versicherungsschutz der Privat-Krankenversicherten im Ausland

Der Privat-Krankenversicherte verfügt grundsätzlich über Versicherungsschutz in ganz Europa (einschließlich ehemaliger Ostblockstaaten). Außerhalb Europas gilt der Versicherungsschutz nur bis zu einem Monat; jedoch ist eine Verlängerung – wenn auch oft gegen Beitragszuschlag – möglich. In allen Fällen ist auch hier eine Auslandsreise-Krankenversicherung nützlich, vor allem für die Kosten eines eventuellen medizinisch notwendigen Rücktransports.

> **Praxis-Tip:**
> Aber nicht jeder, der eine Auslandsreise-Krankenversicherung abgeschlossen hat, verfügt über Versicherungsschutz

bei medizinisch notwendigem Rücktransport. Da in diesem Bereich ohne weiteres Kosten von 20.000,– DM und mehr anfallen können, ist es ratsam, auf den Einschluß dieser Versicherungsleistung zu achten.

Was kostet der optimale Versicherungsschutz?

Im Grunde gibt es nur zwei Varianten der Auslandsreise-Krankenversicherung.

Zum einen kann sich der Reisende nur für die jeweilige Dauer des Auslandaufenthalts versichern; der Beitrag liegt in der Regel zwischen 0,50 DM und 1,– DM pro Tag und Person.

Zum anderen besteht bei vielen Gesellschaften die Möglichkeit, eine Jahrespolice abzuschließen, die alle Auslandsreisen bis zu einer maximalen Reisedauer (meistens jeweils sechs Wochen) absichert. Der Jahresbeitrag liegt bei den meisten Gesellschaften zwischen 15,– DM und 30,– DM je Person.

Urlaub oder längere Geschäftsreise?

Wer **privat krankenversichert** ist, verfügt über entsprechenden Versicherungsschutz in ganz Europa. Ist ein längerer Aufenthalt in einem außereuropäischen Land geplant, sollte mit dem jeweiligen Versicherer eine entsprechende Leistungsvereinbarung getroffen werden. Ebenso ist darauf zu achten, daß die Kosten für einen medizinisch notwendigen Rücktransport abgesichert sind.

Für **gesetzlich Krankenversicherte** ist die Auslandsreise-Krankenversicherung nicht nur im Hinblick auf die Kosten des möglichen Rücktransports im Krankheitsfall wichtig, sondern generell für die ärztliche Inanspruchnahme – besonders dann, wenn die Reise in ein Land geht, mit dem kein Sozialversicherungsabkommen besteht.

Sonderregelung

Für Arbeitnehmer, die vorübergehend für ihren Arbeitgeber im Ausland beschäftigt sind und während dieser Zeit erkranken, gibt es eine Sonderregelung. Der Arbeitgeber muß in diesem Fall für seinen Arbeitnehmer und dessen mitversicherte Familienangehörige die Kassenleistungen zahlen, die er von der gesetzlichen Krankenkasse in bestimmter Höhe wieder erstattet bekommt.

Wichtig:

Eine private Auslandsreise-Krankenversicherung ist aber auch in diesem Fall wichtig, da nicht alle Kosten von der GKV übernommen werden – der medizinisch notwendige Rücktransport erst recht nicht.

Da aber die maximale Dauer des Versicherungsschutzes bei der Auslandsreise-Krankenversicherung i. d. R. auf sechs Wochen begrenzt ist, sollten Sie bei der ausgewählten Versicherungsgesellschaft die Vereinbarung eines längeren Versicherungsschutzes treffen, was bei den meisten Gesellschaften kein Problem darstellt.

Der Beitrag heute und im Rentenalter

6

Zahlen ältere Privat-Krankenversicherte höhere Beiträge? 74

Was tun die privaten Krankenversicherer, um die spätere Prämie preiswert zu gestalten? 80

Gibt es ein Zurück in die gesetzliche Krankenkasse? 82

Kündigungsmöglichkeiten in der privaten und gesetzlichen Krankenversicherung 86

Wie beteiligt sich der Arbeitgeber an den Beiträgen? 88

Zahlen ältere Privat-Krankenversicherte höhere Beiträge?

Oftmals ist in Zeitungsberichten zu lesen, daß der „arme Rentner" Friedrich B. über 1.000,– DM Monatsbeitrag für seine private Krankenversicherung zahlen muß. Oder es wird dargestellt, daß ein berufstätiges Ehepaar fast 2.000,– DM monatlich aufzuwenden hat, um privat krankenversichert zu sein. – Das alles stimmt!

Aber Sie können diese Fälle keinesfalls verallgemeinern. Sie müssen zunächst einmal betrachten, warum es dazu gekommen ist.

Zeitpunkt des Versicherungsbeginns

In der PKV werden altersgemäße und geschlechtsabhängige Beiträge zum Zeitpunkt des Versicherungsbeginns festgelegt. Je nach Gesundheitszustand kann unter Umständen ein medizinischer Wagnisausgleich (= Risikozuschlag) verlangt werden – jedoch nur vor Antragsannahme!

Ist nun der „arme Rentner" in seiner damaligen berufsaktiven Phase beispielsweise erst mit 63 oder 64 Jahren in die PKV eingetreten, mußte er bereits zu diesem Zeitpunkt aufgrund seines Eintrittsalters wesentlich mehr bezahlen als beispielsweise ein 30jähriger. Der Entschluß zur PKV wird in einem solchen Fall vermutlich von den umfangreicheren Leistungen (wie z. B. Einbettzimmer und Chefarztbehandlung) abhängig gewesen sein. Aufgrund von Kostensteigerungen im Gesundheitswesen sind im Laufe der Zeit die Beiträge zu der PKV angepaßt worden, ohne die Leistungsvereinbarung zu ändern.

Ähnliches gilt auch für das vorgenannte Ehepaar, das in diesem Beispiel nahezu 2.000,– DM Monatsbeitrag für die PKV aufbringen muß. Aber auch hier stellt sich die Frage, zu welchem Zeitpunkt der Antrag gestellt wurde und warum. Sind beide

Eheleute berufstätig, müssen sie ohnehin oberhalb der Bemessungsgrenze verdienen, um sich von der Versicherungspflicht befreien zu lassen; somit würden auch in der GKV für beide die jeweiligen Höchstbeiträge gelten, die von dem genannten Monatsbeitrag zur PKV nicht allzu sehr abweichen. Hätte sich dieses Ehepaar nicht für die PKV entschieden und wäre in der GKV geblieben, würden sie mit entsprechenden privaten Zusatzversicherungen (um einen ähnlichen Versicherungsschutz wie der Privatpatient zu genießen) auf nahezu dieselbe Beitragshöhe kommen bzw. eventuell noch mehr zahlen.

Fazit:
Wer mit hohem Alter in die PKV wechselt, zahlt entsprechend hohe Beiträge.

Wie entstehen diese Tarife?

Private Krankenversicherungsunternehmen kalkulieren ihre Beiträge des jeweiligen Tarifs u. a. anhand der tatsächlichen Ausgaben. Das kann im Laufe der Zeit dazu führen, daß sich in den sogenannten „Alttarifen" vorwiegend ältere und krankheitsanfällige Personen befinden. Folge ist, daß dort höhere Leistungsausgaben erforderlich sind, die wiederum den Beitrag dieses Tarifs negativ beeinflussen. Und aus Wettbewerbsgründen wird ein solcher Tarif Neukunden nicht mehr angeboten.

Praxis-Tip:

Aufgrund gesetzlicher Bestimmungen (§ 178f VVG) hat jeder Privat-Versicherte das Recht, in einen gleichwertig aktuellen Tarif umzusteigen.

Für dieses Umsteigen sind aber einige Voraussetzungen zu beachten. So z. B. kann die Gesellschaft bei entsprechend bekannten Vorerkrankungen auch hier einen Risikozuschlag erheben.

Dennoch können Sie durch einen Tarifwechsel Beiträge einsparen. Das ist einmal die Vereinbarung einer Selbstbeteiligung, oder falls bereits vorhanden, die Vereinbarung einer höheren Selbstbeteiligung. Andererseits kann der Tarif vom Ein- in ein Zweibettzimmer geändert werden und vieles mehr.

Beitragszahlungen der Rentner (Beispiel)

Herr A (Rentner, alleinstehend) ist freiwillig gesetzlich krankenversichert. Sein Altersruhegeld beträgt monatlich 2.700,– DM; hinzu kommt eine Betriebsrente von 810,– DM.

Sonstige Einnahmen werden nicht erzielt.

Herr B (Rentner, alleinstehend) ist privat krankenversichert; die Leistungsansprüche sind mit der GKV identisch. Die gesamten Rentenbezüge (2.700,– DM plus 810,– DM) sind ebenfalls gleich.

Berechnung für Herrn A:

Beitrag zur GKV (Eigenanteil)	
= 6,65 % von 2.700,– DM	179,55 DM
Gesamtanteil zur Betriebsrente	
= 13,3 % von 810,– DM	107,73 DM
Gesamt	287,28 DM

Berechnung für Herrn B:

Beitrag zur PKV (angenommen)	500,– DM
./. Zuschuß = Anteil zur GKV	
(auch bei Privatversicherten)	
= 6,65 % von 2.700,– DM	179,55 DM
Gesamt	397,75 DM

Im Falle des Herrn B (privatversichert) ist ein anteiliger Beitrag auf die Betriebsrente nicht erforderlich.

Noch drastischer wirkt sich folgender Beitragsunterschied aus:

Herr C (Rentner, alleinstehend) ist freiwillig gesetzlich krankenversichert. Sein Altersruhegeld aufgrund langjähriger Selbständigkeit und geringer Pflichtmitgliedschaft zur gesetzlichen Rentenversicherung beträgt monatlich nur 350,– DM. An Mieteinnahmen erhält Herr C jedoch jeden Monat 6.000,– DM.

Herr D (Rentner, alleinstehend) ist privat krankenversichert; die Leistungen entsprechen der gesetzlichen Krankenversicherung. Die Renten- und Mieteinnahmen sind mit denen des Herrn C übereinstimmend.

Berechnung für Herrn C:

Eigenanteil zur GKV (6,65 % von 350,– DM)	23,28 DM
Berücksichtigung der Mieteinnahmen von 6.000,– DM und nach Abzug der gesetzlichen Rente von 350,– DM = 5.650,– DM)	
Hiervon ist der volle Beitrag von 13,3 % zu zahlen	751,45 DM
Gesamt	774,73 DM

Berechnung für Herrn D:

Beitrag zur PKV (angenommen)	500,– DM
./. Zuschuß zur gesetzlichen Rente (= 6,65 % von 350,– DM)	23,28 DM
Gesamt	476,72 DM

Anmerkung: Die Bemessungsgrenze zur GKV beträgt in 1997 monatlich 6.150,– DM (West) und 5.325,– DM (Ost).

Die genannten Beispiele beinhalten keine Mitversicherung von Familienangehörigen, die in der GKV kostenfrei und in der PKV beitragspflichtig ist. Die Leistungen der PKV sind mit denen der GKV vergleichbar.

Gesetzlich krankenversicherte Rentner haben also einen eigenen Beitrag für ihre Krankenversicherung zu zahlen. Von der Rente werden folglich bis zur jeweiligen Krankenversicherungspflichtgrenze Beiträge in Höhe von 6,65 % einbehalten und von der BfA bzw. LVA direkt an die jeweilige Krankenkasse mit dem entsprechenden Zuschuß überwiesen. Sonstige Einnahmen, wie Miete, müssen bei freiwillig gesetzlichen Versicherten mit dem vollen Satz ohne Bezuschussung bis zur Höhe der Beitragsbemessungsgrenze berücksichtigt werden.

Anmerkung:

Der angenommene Beitrag zur privaten Krankenvollversicherung setzt selbstverständlich voraus, daß der Versicherte bereits in jungen Jahren bei derselben Gesellschaft versichert wurde und Beitragssteigerungen durch Tarifwechsel bis hin zum heutigen Standardtarif (gleiche Leistungen wie in der GKV) aufgefangen wurden.

Wenn wir in dem möglichen Standardtarif dieselben Höchstbeiträge wie in der GKV annehmen, sieht die vorgenannte Berechnung wie folgt aus (Stand 1997):

Herr A (GKV):

Beitrag zur GKV (Eigenanteil) (= 6,65 % von 2.700,– DM)	179,55 DM
+ Gesamtanteil zur Betriebsrente (= 13,3 % von 810,– DM)	107,73 DM
Gesamt	287,28 DM

Herr B (PKV):

Beitrag zur PKV (angenommener Standardtarif / Höchstbeitrag wie in GKV)	817,95 DM
./. Zuschuß = Anteil zur GKV (auch wenn privatversichert)	179,55 DM
Gesamt	638,40 DM

Herr C (GKV):

Eigenanteil zur GKV (6,65 % von 350,– DM)	23,28 DM
Berücksichtigung der Mieteinnahmen von 6.000,– DM nach Abzug des Anteils der gesetzlichen Rente von 350,– DM (= Differenz 5.650,– DM) Hiervon ist der Beitrag von 13,3 % zu zahlen =	751,45 DM
Gesamt	774,73 DM

Herr D (PKV):

Beitrag zur PKV (angenommener Standardtarif / Höchstbeitrag wie in GKV)	817,95 DM
./. Zuschuß zur gesetzlichen Rente (6,65 % von 350,– DM)	23,28 DM
Gesamt	794,67 DM

Eine kostenpflichtige Mitversicherung von Familienangehörigen (in der PKV) ist in diesen Beispielen nicht enthalten.

Was tun die privaten Krankenversicherer, um die spätere Prämie preiswert zu gestalten?

Schuld an steigenden Beiträgen haben nicht die Versicherungsgesellschaften; schließlich wollen sie ihre Kunden behalten und nicht verärgern. Dennoch lassen sich Beitragserhöhungen nicht vermeiden. Immerhin müssen die jeweiligen Einnahmen ausreichen, um nach Abzug von Kosten und Gewinn die Ausgaben bestreiten zu können.

Die Ausgaben werden jedoch durch steigende Preise im Gesundheitswesen beeinflußt. Folglich kalkulieren die privaten Krankenversicherer ihre Prämien anhand der Ausgaben des Vorjahres. Und das führt zwangsläufig dazu, daß ältere Versicherungsnehmer höhere Beiträge in den Alttarifen zu leisten haben.

Standardtarife und Selbstbeteiligung

Um aber die Prämie nicht ins Unermeßliche steigen zu lassen, bilden die Gesellschaften entsprechende Reserven aus dem gesamten Prämienvolumen. Damit werden Preissteigerungen von älteren Versicherten zum Teil aufgefangen. Um das Ganze abzurunden und den Beitrag tatsächlich auf ein überschaubares Maß zu reduzieren, wird den Versicherten ein Standardtarif angeboten.

Dieser Standardtarif soll für sozial Schutzbedürftige privatkrankenversicherte Personen gelten und besagt, daß der Beitrag auf den durchschnittlichen Höchstbeitrag der GKV begrenzt wird. Selbstverständlich sind damit Leistungseinschränkungen verbunden; und zwar gilt generell eine ähnliche Leistung wie in der GKV. Zusatzversicherungen werden darüber hinaus von den Gesellschaften nicht akzeptiert. Ferner ist eine Selbstbeteiligung von derzeit 600,– DM jährlich vorgesehen.

Achtung:

Im Klartext heißt das: Im Falle einer Krankenhausbehandlung werden nur die Kosten für das Mehrbettzimmer und die stationsärztliche Behandlung erstattet.

- **Ambulante Behandlung**

Die ambulante Behandlung sieht eine Kostenerstattung zu 100 % vor, wenn das Arzthonorar sich auf den 1,7fachen Satz der Gebührenordnung beschränkt. Die Erstattung reduziert sich auf 80 % der Kosten, wenn der Arzt den 2,3fachen Satz der Gebührenordnung berechnet. Die maximale Selbstbeteiligung ist jedoch auf jährlich 600,– DM begrenzt.

- **Zahnarztbehandlung**

Die Kosten für eine Zahnarztbehandlung werden zu 80 % übernommen, wenn das Honorar des Zahnarztes den 1,7fachen Satz der Gebührenordnung für Zahnärzte nicht übersteigt. Berechnet der Zahnarzt jedoch bis zum 2,3fachen Satz der Gebührenordnung, werden nur 60 % dieser Kosten übernommen.

- **Zahnersatz**

Die Kostenerstattung für zahnärztliche Laborarbeiten und -materialien beträgt generell 60 %.

- **Arzneien, Heil- und Hilfsmittel**

Ferner sieht der Standardtarif eine Selbstbeteiligung von 20 % des Rechnungsbetrags für Arzneien, Heil- und Hilfsmittel (maximal 600,– DM jährlich) vor.

Achtung:

Voraussetzung ist, daß der oder die Versicherte seit mindestens zehn Jahren privat krankenversichert ist und das 65. Lebensjahr vollendet hat.

Vorsorgetarif

Um aber auch später nicht auf die Vorteile eines Privatpatienten verzichten zu müssen und dennoch die Beiträge in Grenzen zu halten, bieten viele Gesellschaften einen sogenannten Vorsorgetarif an. Dabei können die jeweiligen Leistungen, z. B. Einbettzimmer und Chefarztbehandlung, ebenfalls individuell vereinbart werden.

Dieser Vorsorgetarif ist teurer als die herkömmliche Vereinbarung. Das führt dazu, daß der Versicherer außer den gesetzlich vorgeschriebenen Rücklagen weitere Reserven bilden kann, um ab dem 65. Lebensjahr die zu zahlende Prämie zu ermäßigen.

Gibt es ein Zurück in die gesetzliche Krankenkasse?

Die Antwort auf diese Kapitelfrage lautet ja und nein.

Verdienst unterhalb der Beitragsbemessungsgrenze

Wer oberhalb der Beitragsbemessungsgrenze verdiente und sich für die PKV entschied, kann nur dann in die GKV zurück, wenn die Beitragsbemessungsgrenze sein Gehalt wieder übersteigt. Jedoch besteht in diesem Fall auch die Möglichkeit, sich von der Versicherungspflicht befreien zu lassen; dann aber gibt es grundsätzlich kein Zurück mehr.

Arbeitslosigkeit

Wird der privat-krankenversicherte Arbeitnehmer arbeitslos, entsteht automatisch eine Pflichtversicherung. Beginnt er danach wieder ein Arbeitsverhältnis oberhalb der Beitragsbemessungsgrenze, kann er trotzdem seine Mitgliedschaft in der GKV freiwillig fortsetzen, sofern er in früheren Zeiten keinen Befreiungsantrag gestellt hat.

Vorversicherungszeit

Der freiwillige Beitritt zur GKV ist von der Erfüllung einer Vorversicherungszeit abhängig. Es wird entweder eine mindestens 24 Monate dauernde Mitgliedschaft in der GKV innerhalb der letzten fünf Jahre vorausgesetzt – oder eine mindestens zwölf Monate dauernde Mitgliedschaft unmittelbar vor dem Ausscheiden aus der versicherungspflichtigen Tätigkeit. Sofern eine dieser Voraussetzungen erfüllt ist, kann innerhalb von drei Monaten der freiwillige Beitritt zur GKV erklärt werden.

Keine Selbständigkeit

Der PKV-versicherte Selbständige kann nur dann in die GKV zurück, wenn er seine Selbständigkeit aufgibt und eine versicherungspflichtige Tätigkeit als Arbeitnehmer aufnimmt. Die zuvor genannten Voraussetzungen (Vorversicherungszeit / kein Befreiungsantrag) müssen erfüllt sein.

Erwerbstätigkeit bis zur Rentenantragstellung

Für die gesetzliche Krankenversicherung der Rentner gilt als Voraussetzung, daß der Versicherte seit erstmaliger Aufnahme einer Erwerbstätigkeit bis zur Rentenantragstellung wenigstens 9/10 der zweiten Hälfe dieses Zeitraums Pflichtmitglied einer gesetzlichen Krankenkasse war; ansonsten kommt nur die freiwillige Mitgliedschaft (je nach Erfüllung der Voraussetzungen) in Frage.

Beispiel 1:

Das Ehepaar Franz und Pauline sind beide Arbeitnehmer. Während Franz oberhalb der Beitragsbemessungsgrenze zur Krankenversicherung verdient und aus diesem Grund nicht krankenversicherungspflichtig ist, sondern sich seinerzeit für die PKV entschieden hat, liegt das Einkommen von Pauline unterhalb der Bemessungsgrenze. Folglich ist sie krankenversicherungspflichtig und gehört einer gesetzlichen Krankenkasse an. Franz beendet nun sein Arbeitsverhältnis und ist somit ohne eigenes Einkommen. In dem Fall wird er automatisch durch die Krankenkasse seiner Ehefrau kostenfrei mitversichert. Wenn nun Franz einen Monat später ein erneutes Arbeitsverhältnis eingeht (unterstellt: wieder oberhalb der Beitragsbemessungsgrenze; denn sonst wäre er ohnehin versicherungspflichtig, wenn er sich zuvor nicht hat befreien lassen), endet zwar automatisch die Mitversicherung über den Ehepartner; aber jetzt hat Franz die Möglichkeit, sich bei der GKV freiwillig (gegen Beitragszahlung) zu versichern und auch später als Rentner dort versichert zu bleiben, wenn er rechtzeitig hierzu seinen Beitritt erklärt.

Beispiel 2:

Das Ehepaar Herbert und Petra ist privat krankenversichert. Zwar ist Petra nicht berufstätig, aber Herbert hat sich damals für die PKV entschieden, weil er mit seinem Einkommen oberhalb der Beitragsbemessungsgrenze verdient. Selbstverständlich zahlt er für sich und seine Frau separate Beiträge zur PKV. Geht Herbert nun mindestens zwölf Monate vor Beginn seiner Altersrente hin, kündigt das Arbeitsverhältnis und meldet sich arbeitslos, wird er automatisch in der GKV versicherungspflichtig; seine Frau ist dann kostenfrei mitversichert. Wird Herbert nach zwölf Monaten zum Rentenempfänger, kann er die GKV auf Antrag freiwillig fortsetzen. Auf die rechtzeitige Antragstellung wird ausdrücklich hingewiesen. Auch hier gilt, daß früher kein Befreiungsantrag zur GKV gestellt wurde.

Beispiel 3:

Peter (ledig) ist selbständig und seit Jahren privat krankenversichert. Er gibt seine Selbständigkeit auf und übernimmt als Arbeitnehmer eine Stelle. Sein Gehalt liegt unterhalb der Beitragsbemessungsgrenze zur GKV. Das hat zur Folge, daß Peter krankenversicherungspflichtig wird. Vorausgesetzt, daß er früher einmal sozialversicherungspflichtig war und Ansprüche für eine Altersrente erworben hat, kann er sich zwölf Monate nach dem neuen Angestelltenverhältnis – sofern er dann 65 Jahre alt ist – freiwillig in der GKV für Rentner versichern lassen. Auch hier ist die rechtzeitige Antragstellung entscheidend und daß früher kein Befreiungsantrag gestellt wurde.

Wichtig:

Die Beitragszahlung zur freiwilligen GKV im Rentenalter bemißt sich an den gesamten Einkünften. Für den Anteil der gesetzlichen Rente gibt es einen Zuschuß zur GKV; für die anderen Einnahmen nicht. Es gilt die jeweilige Beitragsbemessungsgrenze zur GKV für die Festsetzung der Beitragshöhe.

Originalwortlaut des Fünften Sozialversicherungs-Gesetzbuchs zur freiwilligen Versicherung

§ 9 Freiwillige Versicherung
(1) Der Versicherung können beitreten
1. Personen, die als Mitglieder aus der Versicherungspflicht ausgeschieden sind und in den letzten fünf Jahren vor dem Ausscheiden mindestens vierundzwanzig Monate oder unmittelbar vor dem Ausscheiden ununterbrochen mindestens zwölf Monate versichert waren; Zeiten der Mitgliedschaft nach § 189 werden nicht berücksichtigt;
2. Personen, deren Versicherung nach § 10 erlischt oder nur deswegen nicht besteht, weil die Voraussetzungen des § 10 Abs. 3 vorliegen;
3. Personen, die erstmals eine Beschäftigung aufnehmen und nach § 6 Abs. 1 Nr. 1 versicherungsfrei sind;
4. Schwerbehinderte im Sinne des § 1 des Schwerbehindertengesetzes, wenn sie, ein Elternteil oder ihr Ehegatte in den letzten fünf Jahren vor dem Bei-

tritt mindestens drei Jahre versichert waren, es sei denn, sie konnten wegen ihrer Behinderung diese Voraussetzung nicht erfüllen; die Satzung kann das Recht zum Beitritt von einer Altersgrenze abhängig machen;
5. Arbeitnehmer, deren Mitgliedschaft durch Beschäftigung außerhalb des Geltungsbereichs dieses Gesetzbuchs endete, wenn sie innerhalb von zwei Monaten nach Rückkehr in den Geltungsbereich dieses Gesetzbuchs wieder eine Beschäftigung aufnehmen.

(2) Der Beitritt ist der Krankenkasse innerhalb von drei Monaten anzuzeigen,
1. im Falle den Absatzes 1 Nr. 1 nach Beendigung der Mitgliedschaft,
2. im Falle das Absatzes 1 Nr. 2 nach Beendigung der Versicherung oder nach Geburt des Kindes,
3. im Falle das Absatzes 1 Nr. 3 nach Aufnahme der Beschäftigung,
4. im Falle des Absatzes 1 Nr. 4 nach Feststellung der Behinderung nach § 4 des Schwerbehindertengesetzes,
5. im Falle des Absatzes 1 Nr. 5 nach Rückkehr in den Geltungsbereich dieses Gesetzbuches.

Kündigungsmöglichkeiten in der privaten und gesetzlichen Krankenversicherung

Die Krankenversicherung gehört mit zu den wichtigsten Versicherungen, die Sie brauchen. Ohne entsprechenden Versicherungsschutz wären Sie unter Umständen nicht in der Lage, die notwendigen Kosten im Krankheitsfall aufzubringen. Daher sollten Sie niemals eine bestehende Versicherung kündigen, ohne daß zuvor eine schriftliche Bestätigung über den vereinbarten Versicherungsschutz bei einer anderen Gesellschaft vorliegt.

Kündigungsmöglichkeiten der Versicherungsgesellschaften

Versicherte in der **GKV** betrifft diese Maßnahme nur dann, wenn Sie als Selbständiger freiwilliges Mitglied einer Krankenkasse sind. Eine solche Mitgliedschaft erlischt dann, wenn die

Beiträge zweimal hintereinander nicht gezahlt werden. Selbstverständlich machen die Krankenkassen zuvor auf die Folgen aufmerksam.

Die **PKV-Unternehmen** haben bei einer Vollversicherung auf ein ordentliches Kündigungsrecht verzichtet. Allerdings besteht die Möglichkeit einer außerordentlichen Kündigung. Das ist ebenfalls der Fall, wenn die Beiträge nicht gezahlt werden. Ferner besteht die Möglichkeit eines Rücktrittsrechts, wenn die versicherte Person eventuelle Vorerkrankungen nicht bei Antragsaufnahme angegeben hat bzw. der Versicherer Betrug nachweisen kann.

Kündigungsmöglichkeiten der Versicherten

Der Versicherte selbst kann seinerseits kündigen, wenn folgende Voraussetzungen vorliegen:

- Entsteht durch höheres Einkommen eine freiwillige Mitgliedschaft (maßgeblich sind die Jahreswerte), kann bei diesem Statuswechsel sofort zum Monatsende die GKV gekündigt werden.

- Ansonsten gilt für alle freiwilligen Mitglieder einer gesetzlichen Krankenkasse, daß sie grundsätzlich zum Ablauf des übernächsten auf die Austrittserklärung folgenden Kalendermonats kündigen können; es sei denn, die Satzung sieht einen anderen Zeitpunkt vor.

- Privat Krankenversicherte können grundsätzlich drei Monate vor Ablauf des Versicherungsjahres bzw. Kalenderjahres (je nach Gesellschaft) kündigen. Die meisten Gesellschaften vereinbaren diesen Zeitpunkt jedoch frühestens zwei oder drei Jahre nach Abschluß des Vertrags. Ein außerordentliches Kündigungsrecht besteht grundsätzlich bei Eintritt der Versicherungspflicht (d. h. wenn das Einkommen unterhalb der Beitragsbemessungsgrenze zur Krankenversicherung sinkt) und dann, wenn der Versicherer die Beiträge erhöht – in diesen Fällen gilt keine Bindung an den Vertrag, selbst dann nicht, wenn eine Mindestlaufzeit vereinbart wurde.

Aber Achtung:

Beim Wechsel von der privaten zur einer anderen privaten Krankenversicherung gilt oftmals die sogenannte **Wartezeitregelung**. Das heißt, daß Versicherungsschutz in dem Fall erst nach drei bzw. acht Monaten (letzteres gilt für Schwangerschaft und Zahnersatz) gewährt wird. Umgehen kann man diese Klausel (außer bei Schwangerschaft) durch Vorlage eines ärztlichen und zahnärztlichen Attests, woraus hervorgeht, daß die zu versichernde Person zum Zeitpunkt der Antragstellung gesund ist und keine Behandlungen anstehen.

Beim Wechsel von der GKV in die PKV entfällt die Wartezeit, wenn eine **Mitgliedsbescheinigung der gesetzlichen Krankenkasse** eingereicht wird. Dabei wird vorausgesetzt, daß es sich um einen unmittelbaren Übertritt zur privaten Krankenversicherung handelt. Im Falle einer Schwangerschaft (Entbindungstermin bis zu acht Monate nach Versicherungsbeginn) werden dann jedoch meistens nur Regelleistungen im Mehrbettzimmer und stationsärztliche Betreuung gezahlt. Diese Regelungen gelten nicht für alle Versicherer!

Eine generelle Wartezeit besteht bei Zusatzversicherungen.

Wie beteiligt sich der Arbeitgeber an den Beiträgen?

Gesetzlich krankenversicherte Arbeitnehmer – ob pflicht- oder freiwillig versichert – erhalten von ihrem Arbeitgeber grundsätzlich einen Zuschuß von 50 % der Beiträge. Wer also beispielsweise 500,– DM an die GKV zu entrichten hat, erhält vom Arbeitgeber eine Beteiligung in Höhe von 250,– DM.

In den häufigsten Fällen beteiligt sich die Firma genauso an den Beiträgen zur PKV. Wer also hier beispielsweise ebenfalls 500,- DM zahlen muß, erhält vom Arbeitgeber in der Regel auch 250,- DM.

Zahlt jemand aufgrund verbesserter Leistungen einen höheren Beitrag in die PKV als der durchschnittliche Höchstbeitrag in der GKV ausmacht, erhält er von seinem Arbeitgeber grundsätzlich maximal die Hälfte von dem Beitragsanteil, der in der GKV bezuschußt würde.

Besonderheit:

Der durchschnittliche allgemeine Beitragssatz beträgt im Jahre 1997 13,3 % (West) und 13,7 % (Ost) der beitragspflichtigen Einnahmen. Die Bezuschussung des Arbeitgebers richtet sich in dem Jahr an den genannten Werten.

Allerdings gelten ab dem 1.1.1998 neue gesetzliche Vorschriften, die für die Berechnung des Arbeitgeberzuschusses maßgebend sind. Diese Regelung gilt jedoch nur für privat versicherte Arbeitnehmer.

Erstattung des Selbstbehalts

Da in der PKV eine Selbstbeteiligung vereinbart werden kann, um die Beiträge zu reduzieren, taucht nun die Frage auf, ob der Arbeitgeber verpflichtet ist, sich auch an den entstehenden Kosten durch den Selbstbehalt zu beteiligen. Er ist dazu nicht verpflichtet. Ob er sich allerdings daran beteiligt, ist reine Verhandlungssache. In dem Fall, wo auch der Arbeitgeber weniger Zuschüsse zu leisten hat, als wenn der Arbeitnehmer gesetzlich versichert wäre, haben Sie grundsätzlich eine bessere Chance.

Es gibt Firmen, die eine Erstattung des Selbstbehalts bei einer privaten Krankheitskostenvollversicherung vorsehen. Die Lohnsteuerrichtlinien lassen nämlich in einem bestimmten Umfang eine steuerfreie Erstattung durch den Arbeitgeber zu. Das gilt jedoch nur dann, wenn der Erstattungsbetrag einschließlich der vom Arbeitgeber gezahlten Zuschüsse zu den Beiträgen der PKV den Betrag nicht übersteigt, den der Arbeitgeber bei Bestehen einer Pflicht- oder freiwilligen Versicherung in der GKV aufzuwenden hätte. Darüber hinaus ist der Erstattungsbetrag auf 1.000,– DM pro Kalenderjahr und Arbeitnehmer begrenzt.

Wichtig:

Für eine derartige Erstattung ist grundsätzlich eine Betriebsvereinbarung erforderlich.

B e t r i e b s v e r e i n b a r u n g

zur Erstattung des Selbstbehalts bei Bestehen einer privaten Krankheitskostenvollversicherung

zwischen dem Vorstand der …

…

(nachstehend Gesellschaft genannt)

sowie dem Betriebsrat

wird folgende

„Betriebsvereinbarung zur Erstattung des Selbstbehalts
bei Bestehen einer privaten Krankheitskostenvollversicherung"

abgeschlossen.

§ 1 Geltungsbereich

Die Betriebsvereinbarung gilt für alle tätigen Arbeitnehmer der Gesellschaft, die unter den Geltungsbereich des Manteltarifvertrages für xxx fallen (nachfolgend kurz „Mitarbeiter" genannt).

§ 2 Anspruchsvoraussetzungen

Die Gesellschaft zahlt ihren Mitarbeitern einen Zuschuß zu krankheitsbedingten Eigenaufwendungen, wenn sie als Versicherungsnehmer für sich selbst oder ihre nach § 10 SGB V mitversicherungsberechtigten Familienangehörigen eine private Krankheitskostenvollversicherung abgeschlossen haben u n d ihnen im Zusammenhang mit der Erkrankung einer dieser Personen zusätzliche finanzielle Aufwendungen entstanden sind, die aufgrund einer vertraglich vereinbarten Selbstbeteiligung durch die Versicherung nicht abgedeckt sind. Nicht bezuschußt werden dagegen Krankheitskosten, für die – unabhängig von der Wahl eines Selbstbehaltes – schon nach den dem Versicherungsvertrag zugrundeliegenden Allgemeinen und Besonderen Versicherungsbedingungen keine Leistungspflicht besteht (z. B. bei GOÄ-Höchstsatzüberschreitungen oder wissenschaftlich nicht anerkannten Heilverfahren).

§ 3 Höhe des Zuschusses

Ersetzt werden 100 % der für den Mitarbeiter und die durch ihn vollversicherten, anspruchsberechtigten Familienangehörigen i. S. v. § 10 SGB V angefallenen Selbstbeteiligungskosten bis zur Höhe der Differenz zwischen dem gesetzlichen Arbeitgeberanteil, der bei Bestehen einer Pflichtversicherung zu zahlen wäre, und von der Gesellschaft tatsächlich geleisteten Zuschüssen zu den Beiträgen der privaten Krankenversicherung. Dabei gilt der durchschnittliche Höchstbeitragssatz zur gesetzlichen Krankenversicherung des vorangegangenen zweiten Halbjahrs in Verbindung mit der Beitragsbemessungsgrenze für die GKV dieses Zeitraums.

Maßgeblich für die Berechnung sind die während der Beschäftigungsdauer in einem Kalenderjahr entstandenen Aufwendungen und die für diesen Zeitraum aufgelaufenen Abrechnungswerte des Jahreslohnkontos.

§ 4 Jahreshöchstgrenze für Unterstützungsleistungen

Die Summe der an einen Mitarbeiter innerhalb eines Kalenderjahres ausgezahlten Unterstützungen darf aus steuerlichen Gründen einen Gesamtbetrag von 1.000,– DM nicht übersteigen. Außer der Erstattung des Selbstbehaltes gehören hierzu auch Notstandsbeihilfen und andere aus dem Gedanken der Fürsorge heraus gewährte Sozialleistungen, die vom Arbeitgeber oder einer von ihm betriebenen Versorgungseinrichtung erbracht werden. Soweit die Jahreshöchstgrenze von 1.000,– DM überschritten wurde, werden deshalb Zahlungen dieser Art von keinem der hierfür in Frage kommenden Rechtsträger mehr geleistet.

§ 5 Auszahlung

Die Erstattung des Selbstbehaltes wird unter der Bezeichnung „PKV-Zuschuß" über die Lohn- und Gehaltsabrechnung als steuer- und sozialversicherungsfreie Unterstützung i. S. v. Abschnitt 11 Abs. 2 LStR 1990 vorgenommen.

Die Auszahlung erfolgt mit dem Gehalt des Monats, in dem nach den aufgelaufenen Abrechnungswerten des Jahreslohnkontos eine Überweisung des Erstattungsbetrages in einer Summe möglich ist. Scheidet der Mitarbeiter im Laufe eines Kalenderjahres aus den Diensten der Gesellschaft aus, wird eine anteilige Berechnung zum Ende des Beschäftigungsverhältnisses durchgeführt. Nach Beendigung des Arbeitsverhältnisses oder nach Ablauf des auf das Abrechnungsjahr folgenden Kalenderjahres gestellte Erstattungsanträge werden nicht mehr berücksichtigt.

§ 6 Nachweise

Ein Ersatz von Selbstbehaltskosten erfolgt nur gegen Vorlage einer Bescheinigung des Krankenversicherers, aus der die Höhe des vom Mitarbeiter zu tragenden Eigenanteils und die Erfüllung aller übrigen für den Erhalt des Zuschusses notwendigen Voraussetzungen ersichtlich sind.

§ 7 Schlußbestimmungen

Diese Betriebsvereinbarung tritt zum ... ... in Kraft und ersetzt von diesem Zeitpunkt ab innerhalb ihres Geltungsbereichs alle früheren kollektivrechtlichen Vereinbarungen. Sie kann mit einer Frist von sechs Monaten zum Schluß eines Kalenderjahres schriftlich gekündigt werden. Bei Unwirksamkeit einzelner Vertragsteile wird der rechtliche Bestand der Betriebsvereinbarung als Ganzes hierdurch nicht berührt.

Datum

Unterschriften:	Vorstand	Gesamtbetriebsrat

Um eine entsprechende Erstattung des Selbstbehalts vornehmen zu können, benötigt der Arbeitgeber selbstverständlich einen Nachweis über die tatsächlichen Eigenaufwendungen des Arbeitnehmers. Die nachfolgend abgedruckte Bescheinigung erfüllt diesen Zweck.

Bescheinigung zur Vorlage beim Arbeitgeber

Antrag auf Erstattung des Selbstbehalts bei Bestehen einer privaten Krankheitskostenvollversicherung

Versicherer:
Krankenversicherung Nr.:
Versicherungsnehmer:
Versicherte Person:
Bei vorgenannter Krankheitskostenvollversicherung sind für die versicherte Person im Jahr_____ DM _____ an durch Rechnungsvorlage nachgewiesenen Arzt-, Medikamenten- und Behandlungskosten angefallen, die aufgrund eines vertraglich vereinbarten Selbstbehaltes nicht erstattet wurden.   _____   _____ (Ort, Datum)   (Stempel und Unterschrift   des Versicherers)

Vorteile der gesetzlichen und privaten Krankenversicherung

7

Beitragsvergleich GKV – PKV 96

So vermeiden Sie Beitragserhöhungen! 106

Welche Leistungen werden bezahlt? 111

Leistungsvergleich GKV – PKV 113

Im Kreuzverhör: GKV gegen PKV – 42 wichtige Fragen und Antworten 120

Beitragsvergleich GKV – PKV

Beamte und Selbständige, Freiberufler, Angestellte sowie Arbeiter mit Arbeitsentgelt über der Pflichtgrenze sind **nicht** krankenversicherungspflichtig. Dennoch haben die meisten von ihnen eine Krankenversicherung. Und das ist auch gut so; denn die Kosten für eine eventuell notwendige Krankenbehandlung können unter Umständen die persönliche finanzielle Kapazitätsgrenze schnell übersteigen. – Häufig wissen die Betroffenen jedoch nicht, wann für sie die gesetzliche oder private Krankenversicherung am sinnvollsten ist.

In den folgenden vier Beitragsvergleichen der GKV und PKV werden verschiedene Lebenssituationen dargestellt.

1. Beitragsvergleich: GKV mit privater Zusatzversicherung gegenüber PKV (ohne Mitversicherung von Familienangehörigen)

Zunächst wird von weitgehend identischen Leistungen der verschiedenen PKV-Unternehmen ausgegangen: maximaler Zahnersatz, ohne Selbstbeteiligung, mit Zweibettzimmer und privatärztlicher Betreuung, mit 180,– DM Krankentagegeld. Vorerst sind keine Familienangehörigen mitversichert und das anrechenbare Einkommen übersteigt die Beitragsbemessungsgrenze. Die Beamten werden außer Acht gelassen, da sie in aller Regel beihilfeberechtigt sind und für sie ein anderer Versicherungsschutz in Frage kommt.

Höchstbeitrag zur GKV Durchschnittswerte für Arbeitnehmer in		Alter bei Versicherungsbeginn	(ca.)Beiträge zur PKV (in DM)	
West (in DM)	Ost		Mann	Frau
817,95	729,53	ab 21 Jahre[1]	200,– – 500,–	250,– – 600,–
817,95	729,53	ab 31 Jahre	350,– – 550,–	350,– – 650,–
817,95	729,53	ab 41 Jahre	450,– – 800,–	600,– – 850,–
817,95	729,53	ab 51 Jahre	550,– – 900,–	650,– – 900,–
817,95	729,53	ab 61 Jahre	750,– – 1.100,–	750,– – 1.100,–

[1] Personen bis zu diesem Eintrittsalter zahlen geringere Beiträge zur PKV.

Die vorgenannten Zahlen geben zwar einen kurzen Überblick, stellen jedoch keine realistische Aussage dar. Schließlich können Sie nicht „Äpfel mit Birnen" vergleichen. Während nämlich in der GKV ein begrenzter Leistungsumfang besteht, sind in den Prämien der PKV verbesserte Leistungen enthalten. Um nun einen realistischen Preis-/Leistungsvergleich anstellen zu können, müssen Sie entweder zur GKV Beiträge einer privaten Zusatzversicherung addieren oder die Leistungen der privaten Krankenvollversicherung so begrenzen, daß sie denen der GKV nahekommen.

Im folgenden bleiben die verbesserten Leistungen, und zu den GKV-Beiträgen wird die erforderliche private Zusatzversicherung gerechnet.

Wichtig:

Festzustellen ist, daß der Beitrag zur GKV nicht vom Eintrittsalter oder Geschlecht abhängt, sondern sich nach den jeweiligen Bezügen (im vorgenannten Beispiel wurde der jeweilige Höchstbeitrag unterstellt) richtet. Ferner werden in der GKV Familienangehörige ohne eigenes Einkommen grundsätzlich kostenfrei mitversichert. Diese Gegenüberstellung gilt daher vorerst nur für Einzelpersonen ohne Notwendigkeit einer Familienmitversicherung!

Die PKV-Unternehmen weisen sehr unterschiedliche Beiträge aus. Das liegt u. a. daran, daß sich deren jeweilige Leistungen recht unterschiedlich darstellen, der Kostenaufwand verschieden ist und Beitragserhöhungen nicht zum selben Zeitpunkt stattfinden. Um die weitere Betrachtung nicht zu komplizieren, sind zunächst aus den bereits genannten Beiträgen Durchschnittsprämien zur PKV gebildet worden; Leistungen, wie zuvor beschrieben.

Alter bei Beginn der Versicherung	Durchschnittlicher Beitrag zur PKV (in DM)	
	Mann	Frau
ab 21 Jahre [1]	300,–	425,–
ab 31 Jahre	450,–	500,–
ab 41 Jahre	625,–	725,–
ab 51 Jahre	725,–	775,–
ab 61 Jahre	925,–	925,–

[1] Personen bis zu diesem Eintrittsalter zahlen geringere Beiträge zur PKV.

Achtung:

Um jetzt eine Gegenüberstellung der Beiträge von der GKV zur PKV objektiv darzustellen, müssen Sie selbstverständlich dieselben oder zumindest ähnliche Leistungen vergleichen. Da die genannten Beiträge bessere Leistungen vorsehen, rechnen Sie in nachfolgender Darstellung die Beiträge einer privaten Zusatzversicherung zu den Kosten der GKV hinzu.

Die Beiträge für Zusatzversicherungen sind je nach Gesellschaft verschieden. Teils werden sogar noch veraltete Restkostentarife angeboten, deren überteuerter Beitrag jedoch in keinem Verhältnis zur Leistung steht. Daher werden nachfolgende Durchschnittsprämien genannt.

Beitragsvergleich

Alter bei Beginn der privaten Kranken- voll- bzw. Zusatz- versicherung	Durchschnittliche Höchstbeiträge zur GKV (West) für Arbeitnehmer und durchschnittlicher Beitrag zur privaten Zusatzversicherung (in DM)		Durchschnittliche Beiträge zur privaten Krankenvollversicherung (in DM)	
	Mann	Frau	Mann	Frau
ab 21 Jahre [1]	817,95 + 70,– = 887,95	817,95 + 100,– = 917,95	300,–	425,–
ab 31 Jahre	817,95 + 80,– = 897,95	817,95 + 120,– = 937,95	450,–	500,–
ab 41 Jahre	817,95 + 120,– = 937,95	817,95 + 130,– = 947,95	625,–	725,–
ab 51 Jahre	817,95 + 140,– = 957,95	817,95 + 150,– = 967,95	725,–	775,–
ab 61 Jahre	817,95 + 180,– = 997,95	817,95 + 180,– = 997,95	925,–	925,–

(Stand 1997)

2. Beitragsvergleich: GKV mit privater Zusatzversicherung gegenüber PKV
(bei Mitversicherung von zwei Familienangehörigen)

Es wird nun untersucht, welche Beiträge bei weitgehend identischen Leistungen für die Krankenversicherung aufzubringen sind, wenn ein Ehepaar mit einem Kind versichert werden soll. Dabei werden zu den Beiträgen der GKV entsprechende Zusatzversicherungen berücksichtigt, um das Preis-Leistungsverhältnis anzugleichen. Eine Unterscheidung von alten und neuen Bundesländern entfällt, weil ohnehin in absehbarer Zeit eine Angleichung der Bemessungsgrenze erfolgen wird.

Unterstellt wird, daß sich ein Ehemann mit seiner nichtberufstätigen Ehefrau und einem Kind versichern möchte. Das Gehalt liegt oberhalb der Beitragsbemessungsgrenze zur Krankenversicherung.

Beitragsvergleich

Alter bei Beginn der privaten Kranken- voll- bzw. Zusatz- versicherung	Durchschnittliche Höchstbeiträge zur GKV (West) für Arbeitnehmer, Familienangehörige sind kostenfrei mitversichert, es wurde für jede Person eine private Zusatzversicherung berechnet (in DM)					Durchschnittliche Beiträge zur PKV (in DM)			
	GKV- Höchst- beitrag	Zusatzversicherungen für:							
		Mann	Frau	Kind	Gesamt	Mann	Frau	Kind	Gesamt
ab 21 Jahre [1]	817,95	70,–	100,–	50,–	1.037,95	300,–	425,–	180,–	905,–
ab 31 Jahre	817,95	80,–	120,–	50,–	1.067,95	450,–	500,–	180,–	1.130,–
ab 41 Jahre	817,95	120,–	130,–	50,–	1.117,05	625,–	725,–	180,–	1.530,–
ab 51 Jahre	817,95	140,–	150,–	50,–	1.157,95	725,–	775,–	180,–	1.680,–
ab 61 Jahre	817,95	180,–	180,–	50,–	1.227,95	925,–	925,–	180,–	2.030,–

(Stand 1997)

[1] Personen bis zu diesem Eintrittsalter zahlen geringere Beiträge zur PKV.

3. Beitragsvergleich: GKV mit privater Zusatzversicherung gegenüber PKV
(zwei berufstätige Eheleute mit Verdienst oberhalb der Beitragsbemessungsgrenze und einem Kind)

Im weiteren Verlauf wird der Beitrag gezeigt, den ein Ehepaar (beide berufstätig / Verdienst jeweils über der Beitragsbemessungsgrenze) mit einem Kind zu zahlen hat. Dabei werden dieselben Durchschnittsleistungen wie zuvor unterstellt, d. h., um einen Vergleich zwischen GKV und PKV darzustellen, werden wieder private Zusatzversicherungen zum gesetzlichen Krankenversicherungsschutz addiert.

Beitragsvergleich

Alter bei Beginn der privaten Kranken- voll- bzw. Zusatz- versicherung	Durchschnittlicher Höchstbeitrag zur GKV (West) für Arbeitnehmer; das Kind ist kostenfrei mitversichert; beide Eheleute zahlen den Höchstbeitrag; es wurde für jede Person eine private Zusatzversicherung berechnet (in DM)				Durchschnittliche Beiträge zur PKV (in DM)			
	GKV-Beitrag		Durch- schnittlicher Beitrag für alle Zusatz- versicher.	Gesamt- beitrag	Mann	Frau	Kind	Gesamt
	Mann	Frau						
ab 21 Jahre [1]	817,95	817,95	220,–	1.855,90	300,–	425,–	180,–	905,–
ab 31 Jahre	817,95	817,95	250,–	1.885,90	450,–	500,–	180,–	1.130,–
ab 41 Jahre	817,95	817,95	300,–	1.935,90	625,–	725,–	180,–	1.530,–
ab 51 Jahre	817,95	817,95	340,–	1.975,90	725,–	775,–	180,–	1.680,–
ab 61 Jahre	817,95	817,95	410,–	2.045,90	925,–	925,–	180,–	2.030,–

(Stand 1997)

[1] Personen bis zu diesem Eintrittsalter zahlen geringere Beiträge zur PKV.

4. Beitragsvergleich: GKV mit privater Zusatzversicherung gegenüber PKV (Ehemann oberhalb der Pflichtgrenze, Ehefrau versicherungspflichtig mit Bruttogehalt 3.000,– DM, ein Kind)

In diesem Fall wird der durchschnittliche Beitrag gezeigt, den ein Ehepaar zu leisten hat, wenn der Ehemann oberhalb der Beitragsbemessungsgrenze verdient, die Ehefrau jedoch mit einem Monatseinkommen von 3.000,– DM brutto versicherungspflichtig und ein Kind vorhanden ist. Die Mitversicherung des Kindes bezieht sich immer auf den höher Verdienenden. Das heißt, daß im Falle der privaten Krankenversicherung des Ehemanns das Kind ebenfalls separat (privat oder gesetzlich) versichert werden muß, weil eine kostenfreie Mitversicherung über die GKV durch die Ehefrau nicht möglich ist. In diesem Beispiel unterstellen wir für das Kind eine PKV.

Beitragsvergleich

Alter bei Beginn der privaten Krankenvoll- bzw. Zusatzversicherung	Durchschnittlicher Höchstbeitrag zur GKV (West); das Kind ist kostenfrei mitversichert; der Ehemann zahlt Höchstbeiträge, die Ehefrau zahlt einkommensgerechte Pflichtbeiträge (in DM)				Durchschnittlicher Beitrag zur PKV für Ehemann und Kind; die Ehefrau zahlt eine Zusatzversicherung zur GKV (in DM)			
	Mann	Frau	Beitrag für alle Zusatzversicherungen (durchschnittl.)	Gesamtbeitrag	Mann	Frau (mit Zusatzversicherung)	Kind	Gesamt
ab 21 Jahre [1]	817,95	414,–	220,–	1.451,95	300,–	514,–	180,–	994,–
ab 31 Jahre	817,95	414,–	250,–	1.481,95	450,–	534,–	180,–	1.164,–
ab 41 Jahre	817,95	414,–	300,–	1.531,95	625,–	544,–	180,–	1.349,–
ab 51 Jahre	817,95	414,–	340,–	1.571,95	725,–	564,–	180,–	1.469,–
ab 61 Jahre	817,95	414,–	410,–	1.641,95	925,–	594,–	180,–	1.699,–

(Stand 1997)

[1] Personen bis zu diesem Eintrittsalter zahlen geringere Beiträge zur PKV.

Fazit:

Diese Darstellungen lassen erkennen, daß je nach Eintrittsalter und Mitversicherung von Familienangehörigen mal die gesetzliche und mal die private Krankenversicherung besser abschneidet. Beachten Sie dabei insbesondere, daß die Mitversicherung von Kindern zu dem Zeitpunkt wieder entfällt, wenn sie selbst versicherungspflichtig werden. Ferner müssen Sie ebenfalls die Beitragsgestaltung beider Krankenversicherungssysteme im Rentenalter berücksichtigen.

Anmerkung:

Die Pflegeversicherung wurde in allen Beispielen nicht berücksichtigt.

So vermeiden Sie Beitragserhöhungen!

Beitragserhöhungen lassen sich in einem Wirtschaftssystem nicht vermeiden. Die Löhne und Gehälter steigen, ohne daß tatsächlich mehr Geld zur Verfügung steht, denn die Aufwendungen steigen ebenfalls. Betrachten Sie die Kosten im Gesundheitswesen, sehen Sie, daß diese überproportional gestiegen sind. Das liegt u. a. daran, daß die Entwicklung in diesem Bereich mit großen Schritten vorangeht und die Menschen immer älter werden. Wen wundert's also, daß für den Gesundheitssektor immer mehr aufgewendet werden muß?

Kostendämpfung in der GKV

Damit wird verständlich, daß Krankenversicherte letztlich mit steigenden Beiträgen rechnen müssen. Daher werden in der GKV Kostendämpfungsmaßnahmen praktiziert, die eine gewisse Selbstbeteiligung und Einschränkungen der Leistung vorsehen. In der PKV werden grundsätzlich keine Einschränkungen der Leistung vorgenommen, aber es können die Beiträge und/oder die Selbstbeteiligung in größerem Umfang steigen!

Selbstbeteiligung in der PKV

Um bei erforderlicher Beitragserhöhung in der PKV die Belastung des Versicherten nicht oder nur in geringem Maße anzuheben, kann u. a. die Vereinbarung bzw. Erhöhung einer Selbstbeteiligung beantragt werden. Wer danach keine Leistung in Anspruch nehmen muß, hat Geld gespart. Und wer dennoch Aufwendungen im Krankheitsfall hat, muß auch nicht unbedingt den Selbstbehalt aus eigener Tasche zahlen (siehe hierzu Seiten 89 f. und 94).

Praxis-Tip:

Eine Alternative, um im Bedarfsfall Kosten zu sparen, besteht in der Vereinbarung anderer Tarife, die eine geringere Leistung vorsehen. So z. B. kann von dem Tarif des Ein- in ein Zweibettzimmer bei stationärem Aufenthalt gewechselt werden. Oder der Versicherte ändert seinen Versicherungsschutz für Zahnersatz von beispielsweise 100 %ige in 80 %ige Leistung.

Wer eine Selbstbeteiligung vereinbart hat, sammelt zunächst seine Rechnungen und reicht sie dem Versicherer erst dann ein, wenn der Eigenanteil überschritten ist. Dabei entsteht in der Regel für die Gesellschaft ein geringer Verwaltungsaufwand. Infolgedessen werden in den meisten Fällen die Beiträge zur PKV so kalkuliert, daß eine Selbstbeteiligung von angenommen 1.200,– DM jährlich nicht mit 100,– DM monatlicher Beitragsersparnis, sondern mit beispielsweise 200,– DM Ermäßigung honoriert wird.

Hinweis:

Die jeweiligen Beträge sind vom Eintrittsalter, Geschlecht und der Kalkulation der Gesellschaften abhängig und weichen je nach Versicherer voneinander ab.

Berücksichtigen Sie aber auch, daß es Unternehmen gibt, die im Falle einer Nichtinanspruchnahme von Leistungen aus der PKV eine Beitragsrückerstattung vornehmen. So z. B. gibt es Gesellschaften, die drei oder mehr Monatsbeiträge erstatten, wenn Sie innerhalb eines gewissen Zeitraums (drei Jahre oder länger) keine Leistungen in Anspruch genommen haben.

Beispiel:

Dabei wird von einer jährlichen Selbstbeteiligung von 1.000,– DM (= monatlich 83,33 DM) ausgegangen, weil das aus steuerlicher Sicht der höchstmögliche Erstattungsbetrag des Arbeitgebers ist.

Willi P., Arbeitnehmer mit Verdienst oberhalb der Beitragsbemessungsgrenze zur Krankenversicherung, ledig, Eintritt in die PKV mit 54 Jahren, Leistung: Einbettzimmer, Chefarztbehandlung, 100 % Zahnersatz, Tagegeld usw.

Beitragsvergleich		
GKV (durchschnittlicher Höchstbeitrag West)	PKV	
	ohne Selbstbeteiligung	mit Selbstbeteiligung (1.000,– DM 1/1)
830,– [1]	830,– DM [2]	600,– DM [2]
./. 50 % Arbeitgeberanteil	./. 50 % Arbeitgeberanteil	./. 50 % Arbeitgeberanteil
= 415,– DM Eigenanteil	= 415,– DM Eigenanteil	= 300,– DM Eigenanteil

[1] Beitrag gerundet

[2] angenommener Beitrag bei überdurchschnittlichen Leistungen

- Der private Versicherungsschutz kostet für Herrn Willi P. ohne Selbstbeteiligung in dem Beispiel dasselbe wie in der GKV, weil keine Mitversicherung von Familienangehörigen vorgesehen ist. Darüber hinaus verfügt er über bessere Leistungen. In beiden Fällen beträgt der Arbeitgeberzuschuß die Hälfte des Gesamtbeitrags, so daß jeweils monatlich **415,– DM** aufgewendet werden müssen.

- Willi P. hat in den letzten drei Jahren keine Leistung in Anspruch genommen und drei Monatsbeiträge zurückerstattet bekommen – eine Selbstbeteiligung ist nicht vereinbart:

  830,– DM Gesamtbeitrag x 3 Monatsbeiträge = 2.490,– DM (Beitragsrückerstattung)

  2.490,– DM : 12 Monate = 207,50 DM monatlich

  Nach Abzug des Arbeitgeberanteils wird nun der Eigenanteil von 415,– DM um die (umgerechnete) monatliche Beitragsrückerstattung von 207,50 DM gekürzt. Der eigene Aufwand beträgt jetzt nur noch monatlich **207,50 DM**.

- Wurde eine Selbstbeteiligung von 1.000,– DM jährlich vereinbart, aber keine Leistung in Anspruch genommen und nicht die genannte Beitragsrückerstattung vereinbart, beträgt der effektiv zu zahlende Beitrag
  600,– DM ./. Arbeitgeberanteil = **300,– DM**.

- Wurde eine Selbstbeteiligung von 1.000,– DM jährlich vereinbart und hat Willi P. in den letzten drei Jahren keine Leistung in Anspruch genommen, werden jetzt drei Monatsbeiträge zurückerstattet:
  600,– DM Gesamtbeitrag x 3 Monatsbeiträge = 1.800,– DM (Beitragsrückerstattung)
  1.800,– DM : 12 Monate = 150,– DM monatlich
  Nach Abzug des Arbeitgeberanteils wird nun der Eigenanteil von 300,– DM um die (umgerechnete) monatliche Beitragsrückerstattung von 150,– DM gekürzt. Der eigene Aufwand beträgt jetzt nur noch **150,– DM**.

- Hätte der Versicherte Leistungen von 1.000,– DM jährlich aus eigener Tasche gezahlt, die Krankenversicherung nicht in Anspruch genommen und somit die Beitragsrückerstattung (wie im vorherigen Beispiel) erhalten, würde sich der Eigenanteil von 150,– DM um 83,33 DM monatlich erhöhen.
  Der Gesamtaufwand beträgt dann monatlich **233,33 DM**.

- Berechnet wird nun der effektive monatliche Aufwand, wenn Willi P. die Selbstbeteiligung von 1.000,– DM jährlich durch ärztliche Inanspruchnahme überschreitet und keine Erstattung des Eigenanteils durch den Arbeitgeber erfolgt. In dem Fall entfällt die Beitragsrückgewähr, da ja Leistungen in Anspruch genommen wurden.

Beitrag zur PKV nach Abzug des Arbeitgeberanteils =	300,– DM
+ Selbstbeteiligung (umgerechnet) monatlich	83,33 DM
Gesamtaufwand monatlich =	**383,33 DM**

- Für den Fall, daß Willi P. den Tarif mit 1.000,– DM Selbstbeteiligung gewählt und Leistungen in dieser Höhe aufgewendet hatte und vom Arbeitgeber eine Erstattung des Eigenanteils vorgenommen wird, erhält Willi P. ebenfalls in diesem Beispiel die Beitragsrückerstattung, weil er keinerlei Leistungen der Krankenversicherung in Anspruch nahm.

Beitrag zur PKV nach Abzug des Arbeitgeberanteils =	300,– DM
+ Selbstbeteiligung (umgerechnet) monatlich	83,33 DM
./. Erstattung des Selbstbehalts durch Arbeitgeber	83,33 DM
./. Beitragsrückerstattung (umgerechnet)	150,– DM
Gesamtaufwand monatlich =	**150,– DM**

- Betragen die Arztrechnungen jedoch wesentlich mehr als 1.000,– DM jährlich und werden von der PKV gezahlt, entfällt die Beitragsrückerstattung. Unterstellt wird, daß der Arbeitgeber einen Zuschuß in Höhe der Selbstbeteiligung leistet, so sieht die Berechnung wie folgt aus:

Eigenanteil zur PKV (monatlich) =	300,– DM
+ Selbstbeteiligung (umgerechnet)	83,33 DM
./. Erstattung der Selbstbeteiligung	83,33 DM
Gesamtaufwand monatlich =	**300,– DM**

Hinweis:

Alle genannten Zahlen beinhalten den Abzug des Arbeitgeberanteils. Beachten Sie jedoch auch, daß es sich bei den Beiträgen um Beispiele handelt; denn Prämien, Beitragsrückerstattungen und Leistungen sind je nach Gesellschaft unterschiedlich.

Eine Mitversicherung von Familienangehörigen (kostenfrei oder beitragspflichtig) wurde in diesem Beispiel nicht berücksichtigt. Ebenfalls wurden die Beiträge zur Pflegeversicherung außer Acht gelassen.

Wichtig:

Ferner müssen Sie berücksichtigen, daß derzeit bei wenigen gesetzlichen Krankenkassen ein Modellversuch läuft, der auch eine Beitragsrückgewähr von derzeit bis zu einem Monatsbeitrag vorsieht. Das bedeutet für die vorgenannten Berechnungsbeispiele, daß sich der Beitrag zur GKV gegebenenfalls um monatlich ca. 60,– DM bis 70,– DM mindern kann.

Welche Leistungen werden bezahlt?

Regelleistungen der GKV

Jeder Versicherte in der GKV hat Anspruch auf entsprechende Leistungen, aber nur im Rahmen der festgelegten Bedingungen – den sogenannten Regelleistungen. Dazu gehört beispielsweise im Falle eines Krankenhausaufenthalts die Unterbringung im Mehrbettzimmer und stationsärztliche Betreuung.

Aber es gibt auch Ein- und Zweibettzimmer. Ebenso besteht die Möglichkeit der ärztlichen Betreuung durch den Chefarzt. Das allerdings wird von den gesetzlichen Krankenkassen nicht bezahlt. Wer sich dennoch bei einer stationären Behandlung diesen Aufwand erlauben will, muß tief in die Tasche greifen; denn die gesetzlichen Krankenkassen zahlen in diesem Fall lediglich die Kosten, die als Regelleistung festgeschrieben sind. Die Differenz muß der Patient selbst tragen – und das kann teuer werden.

Sonderleistungen der PKV

Wer privat krankenversichert ist, kann in aller Regel die oben genannten gesonderten Leistungen in Anspruch nehmen und erhält sie erstattet, wenn zuvor ein entsprechender Versicherungsschutz vereinbart wurde. Das betrifft nicht nur diejenigen, die eine private Krankenvollversicherung haben, sondern auch solche, die über eine entsprechende private Krankenzusatzversicherung verfügen.

Leistungsvergleich GKV – PKV

GKV

Sie müssen zum Arzt ...
Jeder zugelassene Arzt und Zahnarzt kann konsultiert werden. Heilpraktiker sind ausgeschlossen.

Sie benötigen Medikamente ...
Medikamente werden nach dem Gebot der Wirtschaftlichkeit verordnet. Für jedes verordnete Medikament muß eine Zuzahlung geleistet werden. Diese Zuzahlung richtet sich nach der Verpackungsgröße. Bei der kleinsten Einheit fällt eine Zuzahlung von 9,– DM an, bei mittleren Einheiten liegt die Eigenbeteiligung bei 11,– DM und bei größeren Einheiten muß der Versicherte 13,– DM selbst tragen. Arzneimittel gegen Erkältungskrankheiten, Schmerzmittel, Abführmittel, Mund- und Rachentherapeutika und Mittel gegen Reisekrankheiten muß der Patient selbst bezahlen.

Sie benötigen Heilmittel, Brillen oder ähnliches
Jeder Versicherte muß bei Heilmitteln 15 % der Kosten je Mittel selbst tragen. Brillen werden nur dann bewilligt, wenn sich die Sehstärke um mindestens 0,5 Dioptrien geändert hat.

Sie müssen ins Krankenhaus ...
Unterbringung in dem in der Einweisung genannten Krankenhaus im Mehrbettzimmer. Wird ein anderes Krankenhaus aufgesucht, kann der Versicherte mit den Mehrkosten hierfür belastet werden. Finanzielle Beteiligung mit täglich 17,– DM (bzw. 14,– DM in den neuen Bundesländern) für längstens 14 Tage pro Kalenderjahr. Behandlung durch den diensthabenden Arzt.

PKV [1]
(je nach Vereinbarung)

Sie haben freie Wahl unter allen niedergelassenen Ärzten, Zahnärzten und Heilpraktikern. Ein Wechsel zu einem anderen Behandler ist jederzeit möglich. Sie haben den Status eines Privatpatienten.

Sie erhalten **ohne** Zuzahlung alle von Ärzten, Zahnärzten und Heilpraktikern verordnete, anerkannte Medikamente.

Die PKV leistet für alle Heilmittel, die Ihnen der Arzt verordnet. Für Brillen und Kontaktlinsen gilt ein Erstattungshöchstbetrag von x DM im Kalenderjahr.

Jedes anerkannte Krankenhaus kann aufgesucht werden. Behandlung als Privatpatient in der allgemeinen Pflegeklasse, im Zweibett-Zimmer oder im Einbett-Zimmer (je nach versichertem Tarif). Eine finanzielle Beteiligung je Krankenhaustag erfolgt nicht. Zahlung eines Krankenhaustagegeldes (als Ersatzleistung), wenn die versicherten Leistungen nicht in Anspruch genommen werden.

---

[1] Die Gesellschaft wird aus wettbewerbsrechtlichen Gründen nicht genannt. Wir bedanken uns an dieser Stelle für die Erlaubnis des teilweisen Abdrucks dieses Prospektmaterials.

GKV	**PKV**

Krankheitsbedingter Verdienstausfall ...

Sie erhalten Krankentagegeld in Höhe von 70 % Ihres Bruttogehaltes. Das sind 1997 maximal 4.305,– DM/West bzw. 3.727,50 DM/Ost im Monat. Davon abgezogen werden Beiträge zur Sozialversicherung (Renten- und Arbeitslosenversicherung). Die Zahlung des Krankengeldes ist zeitlich begrenzt.

Sie können Ihr Krankentagegeld nach Höhe und Leistungsbeginn frei bestimmen. Richtlinie ist: Brutto abzüglich Steuern zuzüglich 20,– DM täglich für mögliche Beitragsentrichtung an die Rentenversicherung. Beiträge zur Arbeitslosenversicherung zahlt die PKV für Sie. Eine zeitliche Begrenzung gibt es nicht.

Sie benötigen Zahnersatz ...

Zur Zeit erhalten GKV-Versicherte 45 % Zuschuß zu den Kosten des Zahnersatzes (auch anteilige Zahnarztkosten). Bei regelmäßiger Zahnpflege und -vorsorge erhöht sich der Zuschuß auf 55 %. Wählen GKV-Versicherte nicht die einfache, sondern eine hochwertige Ausführung des Zahnersatzes, haben sie die Mehrkosten selbst zu tragen.
(Ab 1998 gelten Festzuschüsse, die in der Regel noch geringer sind.)

Sie erhalten, je nach Rechnungsbetrag und Versicherungsjahr, bis zu 100 % Erstattung. Dabei wird in den Tarifen x und y nicht zwischen Zahnbehandlung, Zahnersatz und Kieferorthopädie unterschieden.

keine Leistungen in Anspruch genommen ...

Im Rahmen einer Erprobungsregelung sehen einige Kassen eine Beitragsrückgewähr in Höhe eines Monatsbeitrages, sofern innerhalb eines Jahres keine Leistungen in Anspruch genommen wurden.

Kostenbewußtes Verhalten zahlt sich aus. Viele versicherte Personen haben im Rahmen der Allgemeinen Versicherungsbedingungen einen Anspruch auf Beitragsrückerstattung. Die Höhe der Beitragsrückerstattung richtet sich nach der Anzahl der leistungsfreien Jahre.

Sie fahren ins Ausland ...

Leistungsanspruch besteht nur noch in Ländern mit Sozialversicherungsabkommen. Aber auch dort kann es passieren, daß Sie Kosten selbst tragen müssen. Die GKV trägt die Kosten für Akutbehandlungen bei privaten Auslandsreisen für längstens sechs Wochen im Kalenderjahr, wenn der Abschluß einer privaten Auslandsreise-Krankenversicherung z. B. wegen Vorerkrankung nicht möglich ist.

Der Krankenversicherungsschutz besteht in ganz Europa zeitlich unbegrenzt und weltweit bis zu sechs Monaten. Rücktransport aus dem Ausland während der ersten sechs Wochen eines vorübergehenden Auslandsaufenthaltes im Rahmen unserer Auslandsreise-Krankenversicherung nach Tarif a.

Beitragsberechnung und Beitragshöhe ...

Die Beiträge zur GKV werden als Prozentsatz von Ihrem Einkommen bis zu einer Höchstgrenze erhoben. Diese sogenannte Beitragsbemessungsgrenze erhöht sich jährlich.

Die Beitragshöhe richtet sich nach Ihren individuellen Merkmalen, wie z. B. Alter und Geschlecht. Die Beiträge werden risikogerecht für jeden Tarif einzeln kalkuliert. Umfassender Versicherungsschutz muß nicht teuer sein.

GKV	**PKV**
Wenn Sie in Rente gehen ... Für freiwillige Mitglieder der GKV gelten neue Beitragsvorschriften. Von der eigentlichen Rente ist der halbe Beitragssatz der jeweiligen Krankenkasse zu entrichten. Weitere Versorgungsbezüge, z. B. Betriebsrenten, werden mit dem vollen Beitragssatz belegt. Auch von zusätzlichen Einkünften, z. B. Mieteinnahmen, Zinsen o. ä., muß Krankenversicherungsbeitrag gezahlt werden – und zwar der volle Satz bis zur Beitragsbemessungsgrenze.	Privat versicherten Rentnern steht seit dem 1.7.1994 ein Standard-Tarif zur Verfügung, dessen Beitrag sich am durchschnittlichen Höchstbeitrag der GKV orientiert. Doch die PKV bietet eine weitaus attraktivere Lösung, um im Rentenalter Beiträge zu sparen. Die speziellen Vorsorgetarife garantieren ab dem 65. Lebensjahr eine Reduzierung des dann gültigen Beitrages um x %.

Wie Sie aus dem Leistungsvergleich sehen, bietet zwar die PKV gewisse Leistungsvorteile, kommt aber nicht für jedermann in Frage, sei es aus

- Kostengründen (denn für Familienmitglieder wird ein separater Beitrag verlangt)

- Altersgründen (weil bei zu hohem Eintrittsalter der Beitrag entsprechend hoch ist

- Gesundheitsgründen (wer bereits krank ist, stellt für den privaten Krankenversicherer ein zu großes Risiko dar)

- aufgrund einer Pflichtmitgliedschaft in der GKV (wer unterhalb der Beitragsbemessungsgrenze verdient, kann nicht in die PKV überwechseln)

Praxis-Tip:

Da bei den privaten Krankenversicherern die Leistungen, Selbstbehalte und auch andere Kriterien unterschiedlich sind, sollten Sie bei Ihrer Entscheidung diese Punkte genauestens prüfen. Die Checkliste „Leistungskriterien für eine PKV" auf Seite 116 ff. hilft Ihnen weiter!

Checkliste: Leistungskriterien für eine PKV[1]

Ambulante Heilbehandlung

	Ja	Nein
• Besteht bei Behandlung in Kurorten der gleiche Leistungsanspruch wie am Wohnort?	☐	☐
• Werden auch die Kosten für Heilpraktiker-Behandlungen erstattet?	☐	☐
• Werden auch die Kosten für Vorsorgeuntersuchungen erstattet?	☐	☐
• Werden auch die Kosten für kleine Hilfsmittel (z. B. Sprech-, Hör-, Sehhilfen/Brillengestelle) nicht nur einmal im Jahr erstattet?	☐	☐
• Werden auch die Kosten für große Hilfsmittel (z. B. orthopädische Schuhe, Krankenfahrstühle, Prothesen) erstattet?	☐	☐
• Besteht bei Psychotherapie voller Leistungsanspruch ohne vorherige Genehmigung?	☐	☐
• Besteht bei Psychotherapie voller Leistungsanspruch ohne Begrenzung auf eine bestimmte Anzahl von Sitzungen?	☐	☐
• Besteht Versicherungsschutz auch in außereuropäischen Ländern?	☐	☐
• In welcher Höhe (GOÄ) werden Arzthonorare bei ambulanter Behandlung erstattet?	☐	☐
• Sind Krankentransporte zur ambulanten Behandlung mitversichert?	☐	☐

---

[1] Diese Checklisten wurde mit freundlicher Genehmigung der „Rendite 2.000 GmbH, Oberhaching" abgedruckt. Die jeweiligen Antworten werden mit persönlichen Gewichtsfaktoren belegt und können über ein Computerprogramm ausgewertet werden.

Stationäre Heilbehandlung   **Ja**   **Nein**

- Bestehen – außer der beitragsreduzierenden Selbstbeteiligung (SB) – keine weiteren SB im stationären Bereich? ☐ ☐

- Sind bei stationärer Behandlung Krankentransporte zum und vom Krankenhaus mitversichert? ☐ ☐

- Werden die Kosten für einen medizinisch notwendigen Auslandstransport erstattet? ☐ ☐

- In welcher Höhe (GOÄ) werden Arzthonorare bei stationärer Behandlung erstattet? ☐ ☐

- Leistet die Versicherung – ohne Zusatztarif – auch für stationäre Kuren? ☐ ☐

Zahnärztliche Heilbehandlung

- Bestehen für Zahnbehandlung, Zahnersatz und Kieferorthopädie keine Summenbegrenzungen? ☐ ☐

- Wie hoch ist die Erstattung bei Zahnbehandlungs-Kosten? ☐ ☐

- Wie hoch ist die Erstattung bei Kieferorthopädie-Kosten? ☐ ☐

- In welcher Höhe (GOZ) werden Zahnarzthonorare, Material- und Laborkosten erstattet? ☐ ☐

- Erfolgt keine Kürzung des Erstattungsbetrages, wenn es versäumt wurde, vor Behandlungsbeginn einen Heil- und Kostenplan einzureichen? ☐ ☐

Krankengeld   Ja   Nein

- Wird das Krankengeld auch bei Arbeitsunfähigkeit gezahlt, wenn diese auf eine durch Alkoholgenuß bedingte Bewußtseinsstörung zurückzuführen ist? ☐ ☐

- Ist beim Krankengeld eine Erhöhungsmöglichkeit – ohne Gesundheitsprüfung und Wartezeiten – vorgesehen? ☐ ☐

- Ist die Leistungsdauer beim Krankengeld unbegrenzt? ☐ ☐

- Werden Zeiten wiederholter Arbeitsunfähigkeit wegen der gleichen Krankheit hinsichtlich der Karenzzeiten zusammengerechnet? ☐ ☐

- Kann für den Krankheitsfall der tatsächliche Verdienstausfall in Höhe des Nettoeinkommens abgesichert werden? ☐ ☐

- Wird das Krankengeld auch während einer Kur- und Sanatoriumsbehandlung oder Rehabilitations-Maßnahme gezahlt? ☐ ☐

- Besteht während eines Aufenthalts in einem Heilbad/Kurort der gleiche Krankengeld-Anspruch wie am Wohnort? ☐ ☐

- Wird das Krankengeld auch gezahlt, wenn während einer Arbeitsunfähigkeit das Beschäftigungsverhältnis endet? ☐ ☐

- Wird das Krankengeld bei Eintritt der Berufsunfähigkeit weitergezahlt? ☐ ☐

- Besteht Beitragsfreiheit während einer Arbeitsunfähigkeit und Bezugs von Krankengeld? ☐ ☐

	Ja	Nein

- Hat der Versicherer bei Übertritt aus der GKV beim Krankengeld auf das ordentliche Kündigungsrecht nicht nur in Höhe des bisherigen GKV-Anspruchs verzichtet? ☐ ☐

- Bestehen beim Krankengeld keine Wartezeiten für den Betrag, der den bisherigen GKV-Anspruch übersteigt? ☐ ☐

Allgemein

- Bietet die Versicherung gegenüber Mitbewerbern besondere Leistungen? ☐ ☐

- Zahlt der Versicherer bei Leistungsfreiheit Beiträge zurück? ☐ ☐

- Wie hoch ist – zur Beitragsermäßigung im Alter – die zusätzliche Zuführung zur Altersrückstellung? ☐ ☐

- Werden außer der zusätzlichen Altersrückstellung weitere Maßnahmen zur Beitragsreduzierung im Alter angeboten? ☐ ☐

Zur Information

- Verringert sich der Selbstbehalt bei Versicherungsbeginn während des Kalenderjahres? ☐ ☐

- Bestehen bei Erhöhung des Versicherungsschutzes keine Wartezeiten? ☐ ☐

Pflegezusatzversicherung

- Welche Leistungen werden erbracht in Pflegestufe I bzw. bei häuslicher Pflege? ☐ ☐

- Welche Leistungen werden erbracht in Pflegestufe II bzw. bei teilstationärer Pflege? ☐ ☐

	Ja	Nein
• Welche Leistungen werden erbracht in Pflegestufe III bzw. bei stationärer Pflege?	☐	☐
• Welche Besonderheiten bietet die Pflegezusatzversicherung?	☐	☐

....
....

Im Kreuzverhör: GKV gegen PKV – 42 wichtige Fragen und Antworten

Von seiten der privaten und der gesetzlichen Krankenversicherer werden oft nur die positiven Seiten des jeweiligen Versicherungsschutzes geschildert. Nachteile werden verständlicherweise nicht aufgezeigt; denn man will ja den Kunden für sich bzw. seine Gesellschaft gewinnen. Allerdings durchschaut kaum ein Laie dieses Tohuwabohu von Argumenten und Gegenargumenten. Von Nachteilen ist selten die Rede, Vorteile hingegen – und mögen sie noch so winzig klein sein – werden provokativ hervorgehoben!

Da die Leistungen aller gesetzlichen Krankenversicherer weitgehend identisch sind, werden im nachfolgenden „Kreuzverhör" nur die Fragen und Antworten der Barmer Ersatzkasse wiedergegeben.[1]

Hinweis:

Die folgenden Antworten der PKV auf die Fragen können je nach Gesellschaft verschieden ausfallen. Die genannten Darlegungen sind folglich nicht allgemeingültig, sondern stellen die Aussagen einiger Unternehmen dar!

---

[1] Anmerkung: Abdruck des Fragenkatalogs erfolgt mit freundlicher Genehmigung der Barmer Ersatzkasse.

	Fragen	Antwort der GKV	Antwort der PKV
1.	Ist die Beitragshöhe bei Versicherungsbeginn vom Alter abhängig?	Nein.	Ja, der Beitrag ist vom jeweiligen Eintrittsalter und Geschlecht abhängig.
2.	Kann der Gesundheitszustand die Begründung der Versicherung verhindern?	Nein. Außerdem besteht die Mitgliedschaft bereits.	Ja, sofern kein Annahmezwang besteht.
3.	Werden für bestimmte Vorerkrankungen Beitragszuschläge erhoben? In welcher Höhe?	Nein.	Ja, je nach Vorerkrankung (teilweise befristet) unterschiedlich
4.	Werden bestimmte Krankheiten überhaupt nicht versichert?	Nein.	Ja, wenn eine bestimmte Erkrankung vor Antragstellung vorliegt (ansonsten siehe Punkt 2)
5.	Ist der Beitrag für weibliche Versicherte höher?	Nein.	In der Regel ja, da risikogerechte Beiträge verlangt werden (individuelle Leistungsvereinbarung)
6.	Erhöht sich bei Vertragsänderungen der Beitrag infolge Verschlechterung des Gesundheitszustandes?	Nein.	Nein, wenn keine Leistungsverbesserungen oder Erweiterungen beantragt werden.
7.	Wird bei Umstellungen des Versicherungsvertrages oder bei Anschlußverträgen der Beitrag höher, weil sich inzwischen das Lebensalter verändert hat?	Nein.	Bei Anschlußverträgen ja: bei Tarifumstellungen wird die Vorversicherungszeit in Form von technischen Nachlässen berücksichtigt.
8.	Werden bei einer späteren Umstellung der Versicherung (Anschlußverträge) bestehende Erkrankungen von der Leistungspflicht ausgeschlossen? Wenn nein, werden dafür Beitragszuschläge (*Risikozuschläge*) erhoben, ggf. in welcher Höhe?	Nein. Es gibt keinen Ausschluß bestimmter Erkrankungen. Ebenfalls werden keine Beitragszuschläge erhoben.	Wenn verbesserte Leistungen beantragt werden, besteht diese Möglichkeit.

	Fragen	Antwort der GKV	Antwort der PKV
9.	Können fehlerhafte Angaben zum Gesundheitszustand zu Beginn der Versicherung dazu führen, daß zu einem späteren Zeitpunkt, oft nach Jahren, die Versicherung *vom gesamten Vertrag zurücktritt?*	Nein.	Ja, i. d. R. innerhalb von drei Jahren und nur bei Betrug (Verzicht auf § 41 VVG).
10.	Kann die bestehende Versicherung aufgrund bestimmter Krankheiten oder wegen deren Dauer vom *Versicherer gelöst* werden? Wird die Möglichkeit, neue Verträge abzuschließen, nicht mehr angeboten oder werden die neuen Verträge mit erheblichen *Risikozuschlägen* belegt?	Nein.	Wenn es sich um Erkrankungen nach Beginn der Versicherung handelt = nein. Die Möglichkeit, erhöhte Leistungen zu beantragen, ist vom Gesundheitszustand bei Antragstellung abhängig.
11.	Ist für jeden Familienangehörigen ein Einzelvertrag abzuschließen?	Nein. Die im Rahmen der Familienversicherung anspruchsberechtigten Angehörigen werden mitversichert.	Ja.
12.	Sind für jeden Einzelvertrag separate Beiträge zu entrichten?	Nein. Die anspruchsberechtigten Angehörigen werden beitragsfrei mitversichert.	Ja.
13.	Gibt es Versicherungszeiten, für die keine Beiträge zu zahlen sind? Ist der volle Beitrag auch für Zeiten zu entrichten, für die der Arbeitgeberanteil zum Krankenversicherungsbeitrag entfällt (z.B. bei längerer Krankheit nach sechs Wochen oder während der Schutzfrist nach dem Mutterschutzgesetz)? Sind Beiträge während des Bezuges von Erziehungsgeld nach dem Bundeserziehungsgeldgesetz zu zahlen?	Grundsätzlich besteht Beitragsfreiheit in der Krankenversicherung während des Bezuges von Kranken- und Mutterschaftsgeld sowie in bestimmten Fällen beim Bezug von Erziehungsgeld.	In der PKV sind auch in diesen Zeiten grundsätzlich die vollen Beiträge zu zahlen. Eine Absicherung ist mit dem Krankentagegeld möglich.

	Fragen	Antwort der GKV	Antwort der PKV
14.	Zahlt in den unter Nr. 13 genannten Fällen der Arbeitgeber seinen Anteil weiter?	Nein, es wird allerdings auch kein Gesamtbeitrag erhoben.	Grundsätzlich nein; aber es kann mit dem Arbeitgeber frei vereinbart werden.
15.	Müssen die aus der Berufstätigkeit ausscheidenden Ehefrauen/Ehemänner ihren *vollen* Beitrag weiterentrichten?	Nein. Wenn die gesetzlichen Voraussetzungen vorliegen, sind sie kostenlos über den in der GKV versicherten Ehepartner familienversichert.	Ja, allerdings gemindert um den Fortfall der Verdienstausfallversicherung.
16.	Gibt es ermäßigte Beiträge bei vorübergehender Stellenlosigkeit?	Ja, sie betragen seit 01.01.1996 185,– DM (+ 14,50 DM Pflegeversicherung) West und 149,– DM (+ 12,60 DM Pflegeversicherung) Ost.	Ja, teilweise, da bei Arbeitslosigkeit automatisch eine Pflichtversicherung eintritt.
17.	Kann das Mitglied *jederzeit* von der privaten Krankenversicherung zur GKV zurückkehren?	Nein.	Nach Aufnahme einer sozialversicherungspflichtigen Arbeitnehmertätigkeit u.U. möglich
18.	Wird die Versicherung von vornherein für eine bestimmte Mindestlaufzeit (z.B. 2 oder 3 Jahre) abgeschlossen?	Nein.	Ja, aber der Versicherte hat unter bestimmten Voraussetzungen vorzeitige Kündigungsmöglichkeiten (z.B. bei Eintritt der Versicherungspflicht).
19.	Erhalten die Fachberater/Versicherungsvertreter Provisionen?	Nein.	Ja, selbstverständlich, denn Beratung kostet Geld und muß honoriert werden.
20.	Haben die Mitglieder Einfluß auf die Höhe der Kosten und damit der Beiträge, ohne auf Leistungen zu verzichten?	Ja, durch die von ihnen gewählte Selbstverwaltung nehmen die Mitglieder Einfluß auf die Honorare und Preise.	Ja, durch die Wahl einer Selbstbeteiligung bei Krankheitskosten.

	Fragen	Antwort der GKV	Antwort der PKV
21.	Welche Möglichkeiten hat der Versicherte bei Streitigkeiten?	Widerspruchsverfahren und Klagemöglichkeit bei den Sozial- und Landessozialgerichten kostenfrei.	Alle Rechtsmöglichkeiten entsprechend dem BGB sowie das Bundesaufsichtsamt (Tel. 0 30-8 89 30)
22.	Müssen Rechnungsbeträge von dem Versicherten zunächst vorgestreckt werden?	Nein.	Wenn eine Selbstbeteiligung vorgesehen ist oder es sich um kleinere Rechnungsbeträge handelt ja, sonst nicht.
23.	In welchem Umfang werden Kosten der ärztlichen ambulanten Behandlung übernommen? Ist bei langandauernden Krankheiten eine *Aussteuerung* möglich?	Die Kosten werden bei Vorlage der Versichertenkarte bzw. eines Krankenscheines in voller Höhe übernommen. Die Leistungsdauer ist nicht begrenzt.	Die Kosten werden je nach Leistungsvereinbarung übernommen; eine Aussteuerung ist nicht vorgesehen.
24.	Werden für Arznei-, Verband- und Heilmittel die Kosten in voller Höhe übernommen?	Die Kosten verordnungsfähiger Arzneimittel sowie für Verbandmittel werden bis zur Höhe festgesetzter Festbeträge oder, sofern keine Festbeträge gelten, in voller Höhe übernommen, jeweils abzgl. einer zu jedem Mittel zu leistenden Zuzahlung von DM 9,–/ 11,– oder 13,– je nach Packungsgröße. Bei Heilmitteln erfolgt Kostenübernahme in voller Höhe abzgl. einer Zuzahlung des Versicherten von 15 % der Kosten. Eine Zuzahlung entfällt für Versicherte bis zur Vollendung des 18. Lebensjahres. Bestimmte Arznei- und Heilmittel sind von der Kostenübernahme ausgeschlossen.	Ja, i. d. R. ohne Einschränkungen und Zuzahlungen (aber es kommt auf die individuelle Tarifgestaltung und Vereinbarung einer eventuellen Selbstbeteiligung an).

Fragen	Antwort der GKV	Antwort der PKV
25. Werden die Kosten für Hilfsmittel, auch für besonders teure, übernommen?	Kosten für Hilfsmittel in angemessener Ausführung werden bis zur Höhe festgesetzter Festbeträge oder in Höhe vertraglich vereinbarter Preise übernommen. Ausgenommen von der Kostenübernahme sind bestimmte, durch Gesetz ausgeschlossene Hilfsmittel.	Es gibt grundsätzlich keine Beschränkung auf Festbeträge, Ausführung oder Verordnungsfähigkeit. Die Leistungen werden entsprechend der Tarifvereinbarung erbracht.
26. Ist die Behandlung durch den Zahnarzt mitversichert? Gilt das auch für die systematische Parodontosebehandlung?	Ja. Die Abrechnung erfolgt direkt mit den Vertragszahnärzten. Eine Eigenbeteiligung entfällt.	Ja, je nach gewählter Tarifleistung.
27. Welche Leistungen werden für Zahnersatz und Zahnkronen gewährt? Gibt es z.B. jährliche *Höchstbegrenzungen*?	Für Zahnersatz oder Zahnkronen zahlt die GKV grundsätzlich einen Zuschuß von 45 % bis max. 55 % zum Vertragshonorar für zahnärztliche Behandlung und zu den vereinbarten zahntechnischen Leistungen, soweit die zahnärztlichen Vorsorgeuntersuchungen durchgeführt wurden. Keine Höchstgrenzen. Ab dem Jahr 1998 gelten Festbeträge.	Auch hier ist die individuelle Tarifvereinbarung maßgeblich; es können bis zu 100 % der Kosten ohne Begrenzung versichert werden.
28. Werden die Kosten einer kieferorthopädischen Behandlung übernommen oder bezuschußt?	Die Kosten einer vertragszahnärztlichen Behandlung werden in der Regel mit 80 % bezuschußt. Der Eigenanteil wird erstattet, sobald die Behandlung planmäßig abgeschlossen wurde. Für Versicherte, die bei Beginn der Behandlung das 18. Lebensjahr vollendet haben, werden die Kosten allerdings nur bei Vorliegen besonders schwerer Kieferanomalien, die kombinierte kieferchirurgische und kieferorthopädische Behandlungsmaßnahmen erfordern, übernommen.	Ja, je nach Tarifgestaltung.

	Fragen	Antwort der GKV	Antwort der PKV
29.	Werden die Kosten einer psychotherapeutischen Behandlung übernommen?	Ja, volle Kostenübernahme bei Behandlung durch einen Vertragsarzt oder durch berechtigte Psychotherapeuten.	Ja, je nach Tarifgestaltung.
30.	Werden Kosten für die stationäre Krankenhausbehandlung übernommen, ggf. in welcher Höhe und für welche Dauer?	Kostenübernahme im Rahmen der gesetzlichen Vorschriften ohne zeitliche Begrenzung. Für längstens 14 Tage innerhalb eines Jahres sind täglich DM 17,– (DM 14,–) an das Krankenhaus zu entrichten. Die Zuzahlung entfällt für Versicherte bis zur Vollendung des 18. Lebensjahres.	Ja, ohne daß eine Zuzahlung erfolgen muß. (Außer bei Selbstbeteiligungsvereinbarung).
31.	Werden die Kosten für häusliche Krankenpflege oder eine Haushaltshilfe übernommen?	Ja. Kostenübernahme im Rahmen der gesetzlichen Vorschriften und der Satzung.	Häusliche Krankenpflege bei einigen Gesellschaften ja; Haushaltshilfe nein.
32.	Wird bei Arbeitsunfähigkeit Krankengeld gezahlt, ggf. in welcher Höhe und für welche Dauer? Wie verhält es sich während des Bezugs von Krankengeld mit der Beitragszahlung zur Rentenversicherung?	Freiwillig versicherte Angestellte, Arbeiter und Selbständige erhalten ein Krankengeld von bis zu DM 143,50 (brutto) kalendertäglich. Die Leistungsdauer ist nicht begrenzt, für den Fall der Arbeitsunfähigkeit wegen derselben Krankheit jedoch auf höchstens 78 Wochen innerhalb von je drei Jahren. Sofern Versicherungspflicht in der Rentenversicherung vorliegt, wird zusätzlich zur Krankengeldzahlung die Hälfte der zu zahlenden Rentenversicherungsbeiträge übernommen. Durch die Beitragszahlung bleiben Ihnen Ihre in der Rentenversicherung erworbenen Leistungsansprüche erhalten.	Wenn ein Krankentagegeld vereinbart wurde, erfolgt die Zahlung des vereinbarten Satzes (max. bis zum Nettoeinkommen). Bei den meisten Gesellschaften gibt es keine zeitliche Begrenzung, es sei denn, es liegt eine Berufs- oder Erwerbsunfähigkeit vor. Die anteiligen Beiträge zur Rentenversicherung muß der Versicherte zahlen.

	Fragen	Antwort der GKV	Antwort der PKV
33.	Wird das Krankengeld der wachsenden Einkommensentwicklung ständig angepaßt, also erhöht?	Ja, alljährlich (halbjährlich) wird das Krankengeld automatisch an die gestiegenen Einkommen angepaßt.	Dem Versicherten wird automatisch ein Erhöhungsvorschlag angeboten.
34.	Wird Krankengeld bei Erkrankung eines Kindes gezahlt?	Ja, im Rahmen der gesetzlichen Vorschriften für Kinder bis zum 12. Lebensjahr.	Nein.
35.	Bestehen Leistungsansprüche während der Schwangerschaft und anläßlich der Entbindung?	Ja, z.B. auf ärztliche Betreuung, Arzneien, Vorsorgeuntersuchungen, stationäre Entbindung und Mutterschaftsgeld.	Ja, im Rahmen der jeweiligen Tarifgestaltung bei Antragstellung. Mutterschaftsgeld nein.
36.	Werden ambulante Rehabilitations- und Vorsorgekuren bewilligt?	Ja. Die GKV trägt die Badearzt- und Kurmittelkosten – abzüglich der gesetzlichen Zuzahlung für Arznei- und Heilmittel – und bewilligt einen Zuschuß zu den übrigen Kosten von DM 15,- täglich.	Ja, im Rahmen der jeweiligen Vereinbarung.
	Sind dafür zusätzliche Beiträge zu entrichten?	Nein. Keine zusätzlichen Beiträge.	In der Regel nicht.
37.	Werden stationäre Rehabilitations- und Vorsorgekuren bewilligt?	Ja. Rehabilitations- und Vorsorgeeinrichtungen stehen im gesamten Bundesgebiet in großer Zahl zur Verfügung. Dazu gehören auch kasseneigene und Vertragskliniken. Damit verfügt die Kasse über ein umfangreiches „Rehabilitations- und Vorsorgeprogramm", für Erwachsene, Mütter mit Kindern, für Jugendliche und für Kinder. Hinzu kommen die Häuser des Müttergenesungswerkes und vergleichbare Einrichtungen für Mütterkuren und Mutter-Kind-Kuren.	Ja, je nach Tarifgestaltung: die Beiträge richten sich ebenfalls nach der Vertragsvereinbarung. Ansonsten gilt, daß stationäre Sanatoriumskuren u.a. vom Rentenversicherungsträger bewilligt und gezahlt werden.
	Sind für Rehabilitations- und Vorsorgemaßnahmen zusätzliche Beiträge zu entrichten?	Nein. Keine zusätzlichen Beiträge.	

	Fragen	Antwort der GKV	Antwort der PKV
38.	Werden Leistungen zur Förderung der Gesundheit und zur Verhütung von Krankheiten gewährt?	Gesundheitsförderung und Krankheitsverhütung haben einen hohen Stellenwert. Die GKV führt daher Kurse und Beratungen zu Ernährungsfragen, zur Raucherentwöhnung, zum Abbau von Streß und Bewegungsmangel in eigener Regie durch. Sie bewilligt Zuschüsse, wenn solche Kurse durch Volkshochschulen, Familienbildungsstätten etc. angeboten werden.	Vorsorgeuntersuchungen werden grundsätzlich erstattet; Kurse oder ähnliches nicht.
39.	Werden die Kosten zur Verhütung von Zahnerkrankungen übernommen?	Ja. Ernährungsberatung, Zahnschmelzhärtung und Mundhygiene sind Bestandteil der zahnmedizinischen Gruppenprophylaxe für Kinder bis zum 12. Lebensjahr. Die Kosten trägt die Kasse. Versicherte, die das 6., aber noch nicht das 20. Lebensjahr vollendet haben, können die Individualprophylaxe in jedem Kalenderhalbjahr bei ihrem Zahnarzt in Anspruch nehmen.	Vorsorgeuntersuchungen werden grundsätzlich erstattet; Kurse oder ähnliches nicht.
40.	Bestehen Leistungsansprüche bei Schwerpflegebedürftigkeit? Sind dafür zusätzliche Beiträge zu entrichten?	Ja. Ansprüche bestehen im Rahmen der gesetzlichen Vorschriften. Keine zusätzlichen Beiträge.	Grundsätzlich ja: gegebenenfalls kann zuvor ein Pflegetagegeld gegen Beitragszahlung vereinbart werden.
41.	Besteht ein Sterbegeldanspruch?	Ja, DM 2.100,– für Mitglieder und DM 1.050,– für familienversicherte Angehörige, sofern der Verstorbene am 1.1.1989 versichert war, ohne zusätzliche Beitragszahlung.	Nein.
42.	Wie verhält es sich mit dem Versicherungsschutz als Rentner?	Der Erhalt der Mitgliedschaft bei der GKV garantiert einen kostengünstigen und umfassenden Versicherungsschutz.	Die PKV-Unternehmen bieten bei Bedarf einen Standardtarif, der ähnliche Leistungen wie die GKV beinhaltet. Die Kosten hierfür richten sich nach dem maximalen Höchstbeitrag (Durchschnitt) zur GKV. Ansonsten kann der Versicherungsschutz auch individuell vereinbart werden.

Entscheiden Sie sich: gesetzlich oder privat?

8

Wer kommt für die gesetzliche Krankenversicherung in Frage? 130

Für wen ist die private Krankenvollversicherung interessant? 132

Wann eignen sich Zusatzversicherungen? 133

Checklisten: Treffen Sie die richtige Wahl! 134

Ihre persönliche Kalkulation 142

Wer kommt für die gesetzliche Krankenversicherung in Frage?

Versicherungspflicht

Zunächst einmal besteht unter anderem Versicherungspflicht für:

- Arbeitnehmer mit Verdienst unterhalb der Beitragsbemessungsgrenze zur Krankenversicherung
- Auszubildende
- Arbeitslose, wenn sie Arbeitslosengeld oder -hilfe erhalten
- Künstler, Publizisten, Landwirte
- Behinderte, die in Werkstätten für Behinderte tätig sind
- Studenten von staatlichen oder staatlich anerkannten Hochschulen bis zum Abschluß des 14. Fachsemesters (maximal jedoch bis zur Vollendung des 30. Lebensjahres); die Versicherungspflicht gilt als erfüllt, wenn eine private Krankenversicherung oder die Mitversicherung als Familienmitglied nachgewiesen wird.
- Rentner, die eine gesetzliche Rente beziehen (wenn zwischen erstmaliger Aufnahme einer Erwerbstätigkeit und Rentenantrag mindestens 90 % der zweiten Hälfte dieses Zeitraums eine gesetzliche Krankenversicherung/Pflicht bestand.
- Seeleute (unabhängig vom Einkommen oder der Beitragsbemessungsgrenze)

Freiwillig versichert in der GKV

Die zuvor genannten Personen sind krankenversicherungspflichtig. Aber auch darüber hinaus kommen noch viele für die GKV in Frage. Denn außer einer Pflichtmitgliedschaft gibt es die Möglichkeit, sich freiwillig zu versichern. Das ist z. B. der Fall, wenn jemand mit seinem Einkommen die Beitragsbemessungsgrenze übersteigt, aber trotzdem in der GKV bleiben möchte. Hat der Betreffende beispielsweise eine nichtberufstätige Ehefrau und vier Kinder, ist er beitragsmäßig mit der GKV besser bedient.

Grundsätzlich ist eine freiwillige Mitgliedschaft in der GKV nur dann möglich, wenn der Versicherte vorher bereits dort Mitglied war. Wer dann aus der Versicherungspflicht ausscheidet, kann sich nur weiterversichern, wenn er unmittelbar zuvor ununterbrochen mindestens zwölf Monate oder in den letzten fünf Jahren vor dem Ausscheiden aus der Versicherungspflicht wenigstens 24 Monate lang versichert war. Scheidet jemand aus der Familienmitversicherung aus, muß grundsätzlich keine Vorversicherungszeit erfüllt werden, um eine freiwillige Mitgliedschaft in der GKV zu beantragen.

Ferner gilt, daß Arbeitnehmer, die erstmals eine Beschäftigung (z. B. nach Abschluß eines Studiums) aufnehmen und ein Gehalt oberhalb der Beitragsbemessungsgrenze erhalten, eine freiwillige Mitgliedschaft in der GKV beanspruchen können. Ebenso können Schwerbehinderte freiwilliges Mitglied einer GKV werden, wenn sie, ein Elternteil oder ihr Ehegatte in den letzten fünf Jahren vor dem Beitritt mindestens drei Jahre lang gesetzlich krankenversichert waren.

Auch Arbeitnehmer, die bislang im Ausland tätig waren, haben nach Rückkehr in die Bundesrepublik Deutschland einen Anspruch auf Mitgliedschaft in der GKV, wenn sie innerhalb von zwei Monaten nach ihrer Rückkehr wieder eine Beschäftigung aufnehmen.

Praxis-Tip:
Jeder freiwillige Beitritt in die GKV kann grundsätzlich nur innerhalb von drei Monaten erfolgen; gerechnet ab dem Zeitpunkt, in dem ein Tatbestand die Beitrittsberechtigung auslöst. Beachten Sie bitte unbedingt diese Drei-Monats-Frist!

Für wen ist die private Krankenvollversicherung interessant?

Versicherter Personenkreis

Die private Krankenvollversicherung kommt nur für Personen in Frage, die nicht der Versicherungspflicht unterliegen; das sind u. a.

- alle Arbeitnehmer, die oberhalb der Beitragsbemessungsgrenze zur Krankenversicherung verdienen und
- Selbständige (mit Ausnahme von Landwirten, Künstlern und Publizisten).
- Unter Umständen gehören hierzu auch Angestellte im öffentlichen Dienst (falls nicht GKV-versichert), wenn sie im Rentenalter keinen Anspruch auf Beihilfe haben.

Beitragsaufwand

Wer für die private Krankenvollversicherung in Frage kommt, sollte als erstes klären, welchen Nutzen er davon hat. Da ist zunächst einmal der Beitragsaufwand zu berücksichtigen. Wie Sie bereits gelesen haben, muß in der PKV für jedes Familienmitglied ein eigenständiger Beitrag gezahlt werden, sofern für den Familienangehörigen keine Versicherungspflicht besteht.

Leistungsumfang

Beachten Sie aber auch den Leistungsumfang. Wer eine PKV abschließt und Leistungen für beispielsweise ein Ein- bzw. Zweibettzimmer mit privatärztlicher Betreuung, höchstmöglichen Ansprüchen auf Zahnersatz und sonstige Vorteile mit einbezieht, ist im Krankheitsfall grundsätzlich besser bedient als ein gesetzlich Krankenversicherter.

Wichtig:

Derzeit mitversicherte Kinder werden in aller Regel irgendwann selbst versicherungspflichtig. Zu dem Zeitpunkt entfallen die Beiträge für eine kostenpflichtige Mitversicherung in der PKV der Eltern. Ein momentan höherer Beitrag kann sich dann eventuell in einen geringeren Aufwand ändern.

Wann eignen sich Zusatzversicherungen?

Private Krankenzusatzversicherungen dienen dazu, den Versicherungsschutz der gesetzlichen Krankenkasse auszuweiten. Sie eignen sich immer dann, wenn gesetzlich Versicherte (freiwillig oder Pflicht) Wert auf besseren Schutz im Krankheitsfall legen. So z. B. können Sie sich für den stationären Aufenthalt ein Ein- oder Zweibettzimmer plus Chefarztbetreuung versichern; oder Sie schließen einen Vertrag ab, der die Kosten (häufig aber nur teilweise) eines Heilpraktikers mit absichert; oder Sie wählen einen Tarif, der über den gesetzlichen Leistungsumfang hinaus eine prozentuale Beteiligung bei Zahnersatz leistet u. v. a. m.

Praxis-Tip:

Zusatzverträge solcher Art sind grundsätzlich für gesetzlich Krankenversicherte empfehlenswert, die Wert auf bessere Leistung im Krankheitsfall legen.

Checklisten: Treffen Sie die richtige Wahl!

Checkliste: Versicherter Personenkreis

Gesetzliche Krankenkasse

- Arbeitnehmer mit Verdienst unterhalb der Beitragsbemessungsgrenze (= Pflicht)
- Arbeitnehmer mit Verdienst oberhalb der Beitragsgrenze (= freiwillig gemäß Voraussetzungen)
- Rentner, wenn bestimmte Vorversicherungszeiten erfüllt sind
- Selbständige (= freiwillig gemäß Voraussetzungen)
- Arbeiter und Angestellte im öffentlichen Dienst (freiwillig oder Pflicht), wenn im Rentenalter keine Beihilfe gewährt wird
- Studenten
- Landwirte
- Künstler und Publizisten

Private Krankenversicherung

- Arbeitnehmer mit Verdienst oberhalb der Beitragsbemessungsgrenze
- Arbeitnehmer mit Verdienst unterhalb der Beitragsbemessungsgrenze, wenn sie zuvor mit ihrem Einkommen darüber lagen und sich bei Eintritt der Versicherungspflicht befreien ließen
- Selbständige
- Rentner (wenn nicht GKV)
- Arbeiter und Angestellte im öffentlichen Dienst bei entsprechender Beihilferegelung oder Gehalt über der Bemessungsgrenze
- Studenten (wenn nicht GKV)
- Beihilfeempfänger[1]
    - Beamte
    - Beamtenanwärter
    - Richter
    - Auszubildende und Praktikanten, die in einem öffentlich-rechtlichen Ausbildungsverhältnis stehen
    - Beamte und Richter im Ruhestand
    - Arbeiter und Angestellte im öffentlichen Dienst, wenn sie im Rentenalter Anspruch auf Beihilfe haben

---

[1] für diesen Personenkreis kommt eine private Restkostenversicherung in Frage

Folgende Checkliste zeigt, in welchen Lebenssituationen Sie sich am besten krankenversichern. Die einzelnen Entscheidungen werden am Schluß der Checkliste ausführlich erläutert. Beachten Sie hierzu auch folgenden Praxis-Tip!

> **Praxis-Tip:**
>
> Eine individuelle Auswertung sollten Sie nicht vom derzeitigen Status allein abhängig machen; es ist sinnvoller, die zukünftige Entwicklung (z. B. Familienplanung) mit einzubeziehen und sich nicht von momentanen Vorteilen (Leistung oder Beitrag) blenden zu lassen.

In dieser Checkliste bedeuten folgende Zeichen und Abkürzungen:

./.	=	nicht möglich
+	=	möglich
+1)	=	als Beihilfetarif empfehlenswert, wenn auch im Ruhestand Beihilfeansprüche bestehen werden
*	=	empfehlenswert, wenn nicht privat versichert
o	=	nicht sinnvoll (grundsätzlich)
GKV	=	gesetzliche Krankenversicherung
PKV	=	private Krankenvollversicherung
Zusatz	=	private Zusatzversicherung
2)	=	Familienmitglieder sind kostenfrei mitversichert (sofern sie über kein eigenes Einkommen verfügen)
3)	=	Familienmitglieder müssen beitragspflichtig versichert werden
#...	=	Bemerkungen werden nach der Entscheidungstabelle erläutert

Checkliste: GKV, PKV, Zusatzversicherung

Personen	GKV	PKV	Zusatz	Bemerkung
Arbeitnehmer (ledig,) Verdienst unterhalb der Beitragsbemessungsgrenze	Pflicht	./.	*	
Arbeitnehmer (ledig), Verdienst oberhalb der Beitragsbemessungsgrenze	+	+	*	#
Arbeitnehmer (verheiratet), beide mit Verdienst unterhalb der Beitragsbemessungsgrenze	für beide Pflicht	./.	*	
Arbeitnehmer (verheiratet), Ehepartner ohne eigenes Einkommen, ein Kind, Verdienst unterhalb der Beitragsbemessungsgrenze	Pflicht 2)	./.	*	
Arbeitnehmer (verheiratet), zwei oder mehr Kinder, Verdienst unterhalb der Beitragsbemessungsgrenze, Ehepartner ohne eigenes Einkommen	Pflicht 2)	./.	*	
Arbeitnehmer (verheiratet) ohne Kinder, ein Ehepartner verdient oberhalb, der andere unterhalb der Beitragsbemessungsgrenze	+ Pflicht	+ ./.	*	##

Personen	GKV	PKV	Zusatz	Bemerkung
Arbeitnehmer (verheiratet) ohne Kinder, beide mit Verdienst oberhalb der Beitragsbemessungsgrenze	+ +	+ +	*	#
Arbeitnehmer (verheiratet) ein Kind, Verdienst oberhalb der Beitragsbemessungsgrenze, Ehepartner ohne eigenes Einkommen	+ 2)	+ 3)	*	###
Arbeitnehmer (verheiratet) zwei oder mehr Kinder, Verdienst oberhalb der Beitragsbemessungsgrenze, Ehepartner ohne eigenes Einkommen	+ 2)	+ 3)	*	###
Arbeitnehmer (verheiratet) ein Kind, ein Ehepartner verdient oberhalb, der andere unterhalb der Beitragsbemessungsgrenze	+ 2) Pflicht	+ 3) ./.	*	##
Arbeitnehmer (verheiratet) zwei oder mehr Kinder, Ehepartner verdient oberhalb, der andere unterhalb der Beitragsbemessungsgrenze	+ 2) Pflicht	+ 3) ./.	*	##
Arbeitnehmer (verheiratet) ein Kind, beide Verdienste oberhalb der Beitragsbemessungsgrenze	+ 2) + 2)	+ 3) + 3)	*	#

Personen	GKV	PKV	Zusatz	Bemerkung
Arbeitnehmer (verheiratet) zwei oder mehr Kinder, beide Verdienste oberhalb der Beitragsbemessungsgrenze	+ 2) + 2)	+ 3) + 3)	*	#
Alleinstehende(r), ein Kind, Verdienst unterhalb der Beitragsbemessungsgrenze	Pflicht 2)	./.	*	
Alleinstehende(r), zwei oder mehr Kinder, Verdienst unterhalb der Beitragsbemessungsgrenze	Pflicht 2)	./.	*	
Alleinstehende(r) ein Kind, Verdienst oberhalb der Beitragsbemessungsgrenze	+ 2)	+ 3)	*	####
Alleinstehende(r), zwei oder mehr Kinder, Verdienst oberhalb der Beitragsbemessungsgrenze	+ 2)	+ 3)	*	####
Selbständiger (ledig)	+	+	*	
Selbständiger (verheiratet), keine Kinder, Ehepartner nicht berufstätig	+ 2)	+ 3)	*	

Personen	GKV	PKV	Zusatz	Bemerkung
Selbständiger (verheiratet), ohne Kinder, Ehepartner ist Arbeitnehmer mit Verdienst unterhalb der Beitragsbemessungsgrenze	+ 2) Pflicht	+ 3) ./.	*	
Selbständiger (verheiratet), ein Kind, Ehepartner ist nicht berufstätig	+ 2)	+ 3)	*	
Selbständiger (verheiratet) zwei oder mehr Kinder, Ehepartner ist nicht berufstätig	+ 2)	+ 3)	*	
Selbständiger (verheiratet), ohne Kinder, Ehepartner ist Arbeitnehmer mit Verdienst oberhalb der Beitragsbemessungsgrenze	+ +	+ +	*	
Selbständiger (verheiratet), ein Kind, Ehepartner ist Arbeitnehmer mit Verdienst unterhalb der Beitragsbemessungsgrenze	+ 2) Pflicht	+ 3) ./.	*	##
Selbständiger (verheiratet), zwei oder mehr Kinder, Ehepartner ist Arbeitnehmer mit Verdienst unterhalb der Beitragsbemessungsgrenze	+ 2) Pflicht	+ 3) ./.	*	##

Personen	GKV	PKV	Zusatz	Bemerkung
Selbständiger (verheiratet), ein Kind, Ehepartner ist Arbeitnehmer mit Verdienst oberhalb der Beitragsbemessungsgrenze	+ 2) + 2)	+ 3) + 3)	*	#
Selbständiger (verheiratet), zwei oder mehr Kinder, Ehepartner ist Arbeitnehmer mit Verdienst oberhalb der Beitragsbemessungsgrenze	+ 2) + 2)	+ 3) + 3)	*	#
Beihilfeberechtigter (alleinstehend)	o	+1)	o	
Beihilfeberechtigter (verheiratet) ohne Kinder, Ehepartner ist nicht berufstätig	o o	+1) 3)	o	
Beihilfeberechtigter (verheiratet), ein oder mehr Kinder, Ehepartner ist nicht berufstätig	o o	+1) 3)	o	
Beihilfeberechtigter (verheiratet), ohne Kinder, Ehepartner ist berufstätig mit Verdienst unterhalb der Beitragsbemessungsgrenze	o Pflicht	+1) ./.	o *	
Beihilfeberechtigter (verheiratet), ohne Kinder, Ehepartner ist berufstätig mit Verdienst oberhalb der Beitragsbemessungsgrenze	o +	+1) +	o *	

Personen	GKV	PKV	Zusatz	Bemerkung
Beihilfeberechtigter (verheiratet), ein oder mehr Kinder, Ehepartner ist berufstätig mit Verdienst unterhalb der Beitragsbemessungsgrenze, Einkommen des anderen Ehepartners ist höher	o Pflicht	+1) 3) ./.	o *	
Beihilfeberechtigter (verheiratet), ein oder mehr Kinder, Ehepartner ist berufstätig mit Einkommen oberhalb der Beitragsbemessungsgrenze, Einkommen des Beihilfeberechtigten ist niedriger	o + 2)	+1) + 3)	o *	

Anmerkungen:

\# = Es besteht die Möglichkeit, sich privat oder im Rahmen der Voraussetzungen gesetzlich zu versichern. Dabei ist für die jeweilige Entscheidung das Preis-Leistungsverhältnis maßgebend. Die Wahl der jeweiligen Krankenversicherung sollte jedoch nicht allein vom augenblicklichen Status abhängig gemacht werden. Vielmehr müssen Sie planen, was Sie in der Zukunft erwartet. D. h.: bleibt der jetzige Status für längere Zeit erhalten oder steht demnächst eine Heirat an und die Ehefrau wird schwanger und gibt ihren Beruf auf.

Privatversicherte müssen für jede versicherte Person eigenständige Beiträge entrichten. Bei entsprechendem Einkommen dürfte das grundsätzlich kein Problem darstellen. Ferner müssen Sie den verbesserten Versicherungsschutz mit berücksichtigen, den Sie ansonsten nur durch Zusatzverträge erreichen.

Ebenso sollten Sie die derzeitige Beitragseinsparung berücksichtigen, wenn beide Ehepartner momentan oberhalb der Beitragsbemessungsgrenze verdienen und statt des Höchstbeitrags zur GKV eine PKV bevorzugen. Eine entsprechende Gegenüberstellung der Beiträge haben wir bereits dargestellt.

= Hier besteht für einen Ehepartner Versicherungspflicht, für den anderen jedoch die Möglichkeit, sich privat zu versichern. Sind Kinder vorhanden, muß dann für jedes Kind ein separater Beitrag geleistet werden. Die Mitversicherung bei dem pflichtversicherten Ehepartner scheidet aus, wenn das Einkommen des privatversicherten Ehegatten höher ist.

= Während in der GKV eine kostenfreie Mitversicherung von nicht berufstätigen Familienangehörigen gegeben ist, muß in der PKV für jeden ein separater Beitrag entrichtet werden. Aber auch hier hat der momentane Status keine endgültige Funktion; denn irgendwann scheiden die Kinder aus der Mitversicherung aus, indem sie selbst versicherungspflichtig werden. Der Beitrag für die GKV bleibt auch dann bestehen; der Beitrag zur PKV mindert sich jedoch zum Zeitpunkt einer eigenständigen Versicherung für die Kinder.

= Für Alleinstehende gilt selbstverständlich auch die kostenfreie Mitversicherung von nicht berufstätigen Kindern in der GKV im Rahmen der jeweiligen Bestimmungen. Aber auch hier gilt es zu beachten, daß irgendwann die Kinder eine eigenständige Versicherungspflicht begründen können; der Beitrag zur GKV aber bleibt für den Alleinstehenden gleich. Im Gegensatz dazu reduziert sich die Beitragszahlung in der PKV bei Wegfall einer versicherten Person, da zuvor für jeden Versicherten eigenständige Beiträge berechnet wurden.

Dieses Schema erleichtert Ihnen die Berechnung der einzelnen Gesamtbeiträge. Tragen Sie bitte einfach die von Ihnen ermittelten Beträge ein.

Ihre persönliche Kalkulation

A) Gesetzliche Krankenversicherung (Pflicht oder freiwillig):

Ehemann .... Beitrag .... DM
Ehefrau .... Beitrag .... DM
Kinder .... Beitrag .... DM

(Für den Fall, daß ein Ehepartner über kein eigenes Einkommen verfügt, besteht eine kostenfreie Mitversicherung; dasselbe gilt auch für die Kinder).

+ eventuelle private Zusatzversicherungen:

Ehemann .... Beitrag .... DM

Ehefrau .... Beitrag .... DM

Kinder .... Beitrag .... DM

G e s a m t b e i t r a g .... DM

B) Gesetzliche und private Krankenversicherung:

Ehemann .... Beitrag (GKV/PKV) .... DM

Ehefrau .... Beitrag (GKV/PKV) .... DM

Kinder .... Beitrag (GKV/PKV) .... DM

In diesem Beispiel ist ein Ehepartner Mitglied einer gesetzlichen Krankenkasse, der andere PKV-versichert. Wenn der GKV-Versicherte ein geringeres Einkommen als der PKV-Versicherte hat, müssen die Kinder kostenpflichtig (GKV oder PKV) versichert werden.

+ eventuelle private Zusatzversicherungen
(nur für GKV-Versicherte):

Ehemann .... Beitrag .... DM

Ehefrau .... Beitrag .... DM

Kinder .... Beitrag .... DM

G e s a m t b e i t r a g .... DM

C) Private Krankenversicherung:

Ehemann .... Beitrag .... DM

Ehefrau .... Beitrag .... DM

Kinder .... Beitrag .... DM

G e s a m t b e i t r a g .... DM

Krankenversicherungslexikon:

9

**Was 40 Fachbegriffe
im Klartext bedeuten** 146

Antragstellung
Während bei der GKV die Antragstellung problemlos erfolgt und nach keinen Vorerkrankungen gefragt wird, sondern lediglich die Voraussetzungen zur möglichen Mitgliedschaft ermittelt werden, wird in der PKV grundsätzlich eine Risikoprüfung durchgeführt. Das bedeutet, daß für eine Antragsannahme u. a. der Gesundheitszustand entscheidend ist. Um späteren Problemen aus dem Weg zu gehen, ist es dringend ratsam, bei Antragstellung alle Fragen wahrheitsgemäß zu beantworten.

Anwartschaftsversicherung
Eine Anwartschaftsversicherung garantiert dem Versicherten, ohne erneute Gesundheitsprüfung und ohne Berücksichtigung von späteren Erkrankungen, seine Versicherung in die notwendige Form der Absicherung umzuwandeln. Dabei gilt bei Umwandlung i. d. R. das Eintrittsalter, wann die Anwartschaftsversicherung abgeschlossen wurde. Hiervon betroffen sind u. a. Beamte, die momentan freie Heilfürsorge genießen und als Versorgungsempfänger nur Beihilfeansprüche haben werden.

Arbeitgeberzuschuß
Der Arbeitgeber beteiligt sich an den Beiträgen zur Krankenversicherung grundsätzlich zur Hälfte. Bei der privaten Krankenversicherung gilt als höchstmögliche Arbeitgebererstattung der hälftige Höchstbeitrag zur GKV (ortsüblicher Durchschnittssatz).

Auslandsreise-Krankenversicherung
Außerhalb der Bundesrepublik Deutschland besteht grundsätzlich kein Leistungsanspruch aus der GKV. Ausnahme sind Länder, mit denen ein Sozialversicherungsabkommen besteht und alle EU-Mitgliedstaaten. Kosten für eine medizinisch notwendige Krankenbehandlung können in allen Fällen über die Auslandsreise-Krankenversicherung abgesichert werden. Teilweise verlangen die Versicherer eine Selbstbeteiligung. Häufig beinhaltet die Auslandsreise-Krankenversicherung auch eine Kostenerstattung für einen medizinisch notwendigen Rücktransport und/oder Überführung im Todesfall.

Beihilfe
Beihilfeberechtigte (u. a. Beamte) erhalten von ihrem Dienstherrn Zuschüsse im Krankheitsfall. Die Höhe richtet sich nach dem jeweiligen Status; d. h. ledig, verheiratet, mit Kindern, Ruhestand usw. Jedoch werden nicht alle Kosten übernommen. Daher ist es ratsam, eine entsprechende Restkostenversicherung über ein privates Versicherungsunternehmen abzuschließen. Unter Umständen kommt auch die GKV in Frage, wenn wir beispielsweise an Arbeiter oder Angestellte des öffentlichen Dienstes denken, die mit Erhalt der Versorgungsbezüge keine Beihilfe mehr erhalten.
Des weiteren gilt, daß nicht alle Beihilfeberechtigten nach dem Bundesbeihilfegesetz behandelt werden, sondern daß im Einzelfall individuelle Landesbeihilfevorschriften Gültigkeit haben.

Beitragsbemessungsgrenze
Die Zahlung von Sozialversicherungsbeiträgen (Renten-, Arbeitslosen-, Kranken- und Pflegeversicherung) ist gehaltsabhängig. Als Obergrenze gilt die jeweilige Beitragsbemessungsgrenze; sie beträgt für die Kranken- und Pflegeversicherung 75 % der Obergrenze zur Renten- und Arbeitslosenversicherung.

Beitragsrückerstattung
Es gibt private Krankenversicherer, die bei Nichtinanspruchnahme von Leistungen innerhalb eines bestimmten Zeitraums (oftmals ein bis drei Jahre) einen oder mehrere Monatsbeiträge zurückerstatten.
Gesetzliche Krankenkassen führen derzeit einen Modellversuch durch, der ebenfalls eine Beitragsrückgewähr von voraussichtlich einem Monatsbeitrag vorsieht. Momentan gilt das jedoch nicht für alle Krankenkassen.

Entbindungsgeld
In der GKV gilt, daß werdende Mütter, die keinen Anspruch auf Mutterschaftsgeld haben (weil sie z. B. ohne Anspruch auf Krankengeld versichert sind oder die zeitlichen Anspruchsvoraussetzungen nicht erfüllen) ein einmaliges Entbindungsgeld von 150,– DM nach der Entbindung erhalten.

Erziehungsgeld
Während der Mutterschutzfrist nach der Geburt wird ein Bundeserziehungsgeld in Höhe von 600,– DM monatlich gezahlt. Voraussetzung: Es darf keine oder zumindest keine volle Tätigkeit (maximal 19 Stunden je Woche) ausgeübt werden und das Kind muß im Haushalt selbst betreut und erzogen werden. Bundeserziehungsgeld wird längstens für 24 Monate gezahlt und ist einkommensabhängig; in einigen Bundesländern wird auch ein Landeserziehungsgeld bzw. Familienbeihilfe gewährt.

Erziehungsurlaub
Im Anschluß an die Mutterschutzfrist kann die Arbeitnehmerin Erziehungsurlaub beantragen. Er wird für längstens drei Jahre gewährt und zählt ab dem Zeitpunkt der Geburt des Kindes. Nicht nur die Mutter, sondern auch der Vater hat Anspruch auf den Erziehungsurlaub; jedoch nicht beide gemeinsam, sondern jeweils nur eine Person. Insgesamt ist ein dreifacher Wechsel möglich.

Fahrtkosten
Rettungsfahrten, Fahrt zur stationären Behandlung und zurück sowie Krankentransporte müssen grundsätzlich bis zu 25,– DM je Fahrt vom Patienten selbst gezahlt werden (gilt nur für GKV-Versicherte).

Freie Heilfürsorge
Freie Heilfürsorge bedeutet zunächst einmal, daß der Betroffene keine private Restkostenversicherung wie Beihilfeberechtigte (u. a. Beamte) braucht. Alle notwendigen Krankenbehandlungen werden nämlich vom Dienstherrn (Bund oder Länder) sichergestellt. Das gilt jedoch nicht für Familienangehörige (= beihilfeberechtigt). Ebenso gibt es zu der Regelung der freien Heilfürsorge Ausnahmen; denn sie gilt nicht immer unbegrenzt. Für solche Fälle kommt später wieder die Beihilferegelung zum Tragen. Hier ist dann die „Anwartschaftsversicherung" dringend anzuraten.

Freiwillige Mitgliedschaft in der GKV
Wer oberhalb der Beitragsbemessungsgrenze zur Krankenversicherung verdient, kann sich in der GKV freiwillig weiterversi-

chern, wenn er dort bereits vorher Mitglied war. Dabei gilt als Voraussetzung, daß eine Vorversicherung bei der GKV von mindestens 24 Monaten innerhalb der letzten fünf Jahre vor Ausscheiden aus dem versicherungspflichtigen Beschäftigungsverhältnis oder die Vorversicherung bei einer GKV mindestens zwölf Monate unmittelbar und ununterbrochen vor dem Ausscheiden aus der Versicherungspflicht bestand. Dasselbe gilt auch für Personen, die aus einem versicherungspflichtigen Beschäftigungsverhältnis ausscheiden, weil sie sich selbständig machen. Ebenfalls können Personen, die erstmals eine Beschäftigung aufnehmen und mit ihrem Gehalt oberhalb der Beitragsbemessungsgrenze liegen, freiwilliges Mitglied in der gesetzlichen Krankenversicherung werden.

Gesetzliche Krankenversicherung (GKV)
Die GKV bietet ihren Mitgliedern eine Grundversorgung im Krankheitsfall. Damit ist die medizinisch notwendige Behandlung in der Bundesrepublik Deutschland sichergestellt. Die Beiträge richten sich prozentual nach dem Brutto-Einkommen. Maximal gilt die jeweilige Beitragsbemessungsgrenze zur GKV. Familienmitglieder sind kostenfrei mitversichert, sofern sie kein Einkommen erzielen, das eine eigenständige Pflichtversicherung begründet. Arbeitnehmer mit Gehalt unterhalb der Beitragsbemessungsgrenze sind automatisch pflichtversichert; darüber hinaus bietet die GKV unter bestimmten Voraussetzungen eine freiwillige Mitgliedschaft an (u. a. für Arbeitnehmer mit Gehalt oberhalb der Beitragsbemessungsgrenze).

Gesundheitsstrukturgesetz
Das Gesundheitsstrukturgesetz ist am 01.01.1993 in Kraft getreten und regelt die Leistungsansprüche der gesetzlich Krankenversicherten. Zwar besteht Anspruch auf eine medizinische Grundversorgung; aber der Patient muß meistens gewisse Zuzahlungen (siehe dort) in Kauf nehmen.

Haushaltshilfe
Für den Fall der Krankenhausbehandlung eines Ehepartners werden unter Umständen von der GKV Kosten für eine Haushaltshilfe erstattet. Eine Voraussetzung ist, daß ein Kind vorhanden sein muß, das das 12. Lebensjahr noch nicht vollendet hat.

Heilmittel
Alle Versicherten, die das 18. Lebensjahr vollendet haben, müssen einen Eigenanteil von 15 % tragen (Ausnahme: Härtefälle). Heilmittel sind u. a.: physikalisch-therapeutische Verordnungen, wie z. B. Massagen, Bäder und Krankengymnastik. Diese Regelung betrifft nur GKV-Versicherte.

Hilfsmittel
Hilfsmittel sind u. a. Brillen, Hörgeräte, Prothesen, Rollstühle. Für Hilfsmittel wurden sogenannte Festbeträge in der GKV eingeführt. Nicht bezahlt werden hingegen Augenklappen oder Batterien für Hörgeräte usw.

Kinderkrankengeld
Die gesetzlichen Krankenkassen zahlen seit dem 01.01.1992 für jedes Kind bis zu zehn Arbeitstage (Alleinerziehende 20 Arbeitstage) in jedem Kalenderjahr Krankengeld an Versicherte, wenn es nach ärztlichem Zeugnis erforderlich ist, daß sie zur Beaufsichtigung, Betreuung oder Pflege ihres erkrankten und in der GKV mitversicherten Kindes der Arbeit fernbleiben müssen, vorausgesetzt eine andere im Haushalt lebende Person kann das Kind nicht beaufsichtigen, betreuen oder pflegen und das Kind hat das zwölfte Lebensjahr noch nicht vollendet. Pro Kalenderjahr können aber je versichertem Elternteil nicht mehr als 25 Arbeitstage (Alleinerziehende maximal 50 Arbeitstage) beansprucht werden. Entsprechende Ansprüche des Versicherten gegen seinen Arbeitgeber gehen vor. Die Höhe des Kinderkrankengeldes beträgt 70 % des Bruttoarbeitsentgelts (abzüglich der hälftigen Beiträge zur Arbeitslosen-, Pflege- und Rentenversicherung. Die gesamte Zahlung darf nicht mehr als 90 % des Nettoeinkommens ausmachen.

Krankenhaustagegeld
Das Krankenhaustagegeld kann bei den privaten Krankenversicherern beantragt werden. Krankenhaustagegeld wird in der Regel ab dem ersten Tag eines krankheitsbedingten stationären Aufenthalts in der vereinbarten Höhe gezahlt.

Krankenrücktransport
Siehe „Auslandsreise-Krankenversicherung".

Krankentagegeld
Grundsätzlich besteht für Arbeitnehmer eine teilsgeminderte sechswöchige Lohnfortzahlung. Nach diesem Zeitpunkt wird ein Krankengeld – abhängig von der Höhe des Arbeitsentgelts – gezahlt. Als Obergrenze gilt 70 % der jeweiligen Beitragsbemessungsgrenze zur GKV. Die Zahlung (von der GKV) ist auf 78 Wochen (einschließlich der sechswöchigen Lohnfortzahlung) begrenzt. Während des Bezugs von Krankengeld müssen keine Beiträge zur GKV gezahlt werden. Das Krankentagegeld wird um den hälftigen Anteil zur gesetzlichen Renten-, Arbeitslosen- und Pflegeversicherung gekürzt.

Privat-Krankenversicherte können ein Krankentagegeld individuell vereinbaren. Arbeitnehmer dürfen den Beginn der Zahlung frühestens ab der siebten Woche festlegen; die Höhe des Krankentagegelds darf das Nettoeinkommen nicht übersteigen. Beiträge zur PKV müssen in voller Höhe weitergezahlt werden. Die hälftigen Beiträge zur gesetzlichen Rentenversicherung können auf Antrag selbst gezahlt werden. Die Beiträge zur Arbeitslosenversicherung werden vom zuständigen PKV-Unternehmen an die Bundesanstalt für Arbeit überwiesen.

Kuren
Bei nachgewiesener ärztlicher Notwendigkeit werden die Kosten von der GKV voll übernommen. Jedoch ist ein Eigenanteil von 25,– DM (bzw. 20,– DM in den neuen Bundesländern) wie beim stationären Aufenthalt vorgesehen. Die Dauer der Zahlung des Eigenanteils ist nicht begrenzt, sondern gilt für den gesamten Zeitpunkt des Kuraufenthalts. Ist eine ärztliche Notwendigkeit nicht nachgewiesen, müssen die Kosten des Kuraufenthalts selber getragen werden; lediglich ein Zuschuß bis zu 15,– DM täglich kann von der GKV gewährt werden. PKV-Versicherte haben nicht immer Anspruch auf Kostenerstattung; bei einigen Gesellschaften ist hierzu ein separater Kurtarif erforderlich.

Achtung:

Je nach Arbeitgeber müssen Sie davon ausgehen, daß Ihnen je Kurwoche zwei Urlaubstage abgezogen werden; dabei haben Sie aber Anspruch auf mindestens 4 Wochen gesamten Jahresurlaub.

Leistungsausschluß

Während es in der GKV keinerlei Ausschlüsse von Vorerkrankungen gibt, kann in der PKV eine solche Vereinbarung getroffen werden. Wenn dem privaten Krankenversicherer vor Antragsannahme Vorerkrankungen der zu versichernden Person bekannt sind und diese ein zu großes Kostenrisiko darstellen, besteht die Möglichkeit, einen Leistungsausschluß zu vereinbaren. Für den Versicherten bedeutet das jedoch in der Regel ein relativ hohes Risiko und ist daher mit Vorsicht zu behandeln.

Mitversicherung

In der GKV gilt, daß alle Familienangehörigen (Kinder und Ehepartner) keinen Beitrag zur Krankenversicherung leisten müssen, wenn sie über kein eigenes Einkommen verfügen, das zu einer eigenständigen Versicherungspflicht führt. In der PKV werden für jede versicherte Person Beiträge verlangt.

Mutterschaftsgeld

Wenn eine Versicherungspflicht besteht, wird ein Mutterschaftsgeld bis zu 750,– DM monatlich gezahlt. Während dieser Zeit müssen keine Beiträge zur GKV entrichtet werden. Der Zeitraum für die Zahlung von Mutterschaftsgeld beginnt sechs Wochen vor der Entbindung und endet acht Wochen danach. Bei Frühgeburten verlängert sich diese Frist um den Zeitraum, um den sich die Mutterschutzfrist vor der Frühgeburt verkürzt hat.

Mutterschutzfrist

Die Schutzfrist für berufstätige werdende Mütter beginnt sechs Wochen vor der Entbindung. Während dieser Zeit darf die Schwangere sich jedoch freiwillig zur Arbeitsleistung bereit erklären. Acht Wochen nach der Entbindung dürfen berufstätige Mütter nicht beschäftigt werden. Bei Frühgeburten verlängert sich diese Frist um den Zeitraum, um den sich die Mutterschutzfrist vor der Frühgeburt verkürzt hat.

Pflegeversicherung

Das Pflegeversicherungsgesetz ist am 01.01.1995 in Kraft getreten. Damit wurde ein eigenständiger Zweig der Sozialversicherung geschaffen. Es handelt sich um eine Pflichtversiche-

rung, die nicht an den beruflichen Status oder an bestimmte Einkommen gebunden ist. Somit sind alle, die krankenversichert sind, Kraft Gesetzes auch in die Pflegeversicherung einbezogen worden.
Der Leistungsumfang ist bei allen gesetzlichen und privaten Versicherern gleich. Seit dem 01.04.1995 werden folgende Leistungen erbracht:
- Kostenerstattung für häusliche Pflege
- Pflegegeld für selbstbeschaffte Pflegehilfe
- Kombination von Kostenerstattung und Pflegegeld
- Leistungen für Pflegeersatzkraft
- Teilstationäre Pflege
- Kurzzeitpflege
- Pflegehilfsmittel und technische Hilfen
- Leistungen zur sozialen Sicherung der Pflegeperson
- Pflegekurs für Angehörige und andere Pflegepersonen

Seit dem 01.07.1996 wird darüber hinaus die vollstationäre Pflege übernommen.

Private Krankenversicherung
Die Leistungen in der PKV können individuell vereinbart werden; das gilt sowohl für private Krankenvoll- als auch für Zusatzversicherungen. Die Beitragshöhe ist abhängig vom Eintrittsalter und Geschlecht, von eventuellen Vorerkrankungen und Anzahl der zu versichernden Personen. Eine kostenfreie Mitversicherung von Familienangehörigen gibt es nicht; ebenso ist der Beitrag nicht vom Einkommen abhängig. Eine Vollversicherung ist nur dann möglich, wenn in der GKV keine Pflichtversicherung besteht; ansonsten bleibt nur die Wahl von Zusatzversicherungen. Privat-krankenversicherte Rentner haben bei entsprechender Voraussetzung die Möglichkeit des Tarifwechsels in einen Standardtarif, dessen Beitrag auf den Höchstbeitrag zur GKV begrenzt ist und im wesentlichen dieselben Leistungen wie in der GKV erbringt.

Restkostenversicherung
Um die Differenz zu den Beihilfesätzen (bei Beamten und beamtenähnlichen Beschäftigungsverhältnissen) im Krankheitsfall abzusichern, bieten die PKV-Unternehmen eine Restko-

stenversicherung an. Der Beitrag ist vom Eintrittsalter und Geschlecht sowie von der Höhe der zu versichernden Leistungen abhängig.

Risikoprüfung
Siehe „Antragstellung".

Selbstbeteiligung
In der GKV ist vom Patienten i. d. R. eine festgelegte Zuzahlung für Arznei-, Heil- und Hilfsmittel usw. zu erbringen. Auch wenn es sich dabei um eine Art Selbstbeteiligung handelt, darf sie nicht mit der Selbstbeteiligung in der PKV verwechselt werden; dort gilt nämlich keine Zuzahlungsregelung. Je nach Vertragsgestaltung kann in der PKV allerdings vereinbart werden, daß im ambulanten, stationären und zahnärztlichen Bereich ein Eigenanteil erbracht werden soll oder nicht. Eine Selbstbeteiligung dieser Art hat Einfluß auf die zu zahlende Prämie.

Sozialversicherung
Das Sozialversicherungssystem in Deutschland umfaßt die gesetzliche Renten-, Unfall-, Kranken-, Arbeitslosen- und Pflegeversicherung. Die zu zahlenden Beiträge sind grundsätzlich einkommensabhängig; hierzu gelten die jeweiligen Beitragsbemessungsgrenzen. Während der Arbeitgeber die Beitragszahlung für die gesetzliche Unfallversicherung (u. a. Berufsgenossenschaft) in voller Höhe zu tragen hat, muß er sich an den anderen Zahlungen für die Sozialversicherung grundsätzlich nur zur Hälfte beteiligen.

Sozialversicherungsabkommen
Gesetzlich Krankenversicherte, die einen Auslandsurlaub unternehmen, erhalten nur dann eine Leistungserstattung im Krankheitsfall, wenn das jeweilige Land mit der Bundesrepublik Deutschland ein Sozialversicherungsabkommen getroffen hat. Das gilt für alle Mitgliedstaaten der EU und den Ländern Schweiz, Türkei und Tunesien. Selbst wenn eine ärztliche Konsultation an Ort und Stelle bezahlt werden muß, erstattet die GKV in der Regel den Rechnungsbetrag. Unter Umständen ist ein Eigenanteil erforderlich. Sinnvoll für alle Auslandsreisende ist eine private Auslandsreiseversicherung (siehe dort).

Standardtarif
Alle PKV-Unternehmen bieten grundsätzlich für privat-krankenversicherte Personen eine Standardtarif, dessen Beitrag sich auf den durchschnittlichen Höchstbeitrag zur GKV begrenzt. Selbstverständlich sind damit auch Leistungseinschränkungen verbunden. Generell gilt eine ähnliche Leistung wie in der GKV; Zusatzversicherungen werden darüber hinaus nicht akzeptiert; es ist eine Selbstbeteiligung von 600,- DM jährlich vorgesehen. Voraussetzung ist, daß der Versicherte seit mindestens zehn Jahren privat versichert ist und das 65. Lebensjahr vollendet hat.

Sterbegeld
Alle Mitglieder der GKV, die bereits vor dem 01.01.1989 versichert waren, haben Anspruch auf Sterbegeld in Höhe von 2.100,- DM (mitversicherte Familienangehörige 1.050,- DM). Wer nach dem 01.01.1989 in die GKV eingetreten ist, hat keinen Anspruch auf Sterbegeld.

Vorsorgetarif
Viele private Krankenversicherungsunternehmen bieten diesen Tarif an. Gegen höhere Beiträge im Vergleich zu einem Tarif ohne diese Vereinbarung, erfolgt im Falle des Rentnerdaseins (ab 65 Jahre) eine Beitragsermäßigung. Diese Ermäßigung kann in % oder DM vereinbart werden und ist garantiert.

Vorvertragliche Anzeigepflichtverletzung
Im Gegensatz zur GKV ist die Antragsannahme in der PKV vom Gesundheitszustand der zu versichernden Person abhängig. Wer die einzelnen Gesundheitsfragen im Antrag nicht wahrheitsgemäß beantwortet, verletzt die vorvertragliche Anzeigepflicht. Wenn dann der Versicherer im nachhinein davon erfährt, ist er grundsätzlich von der Verpflichtung zur Leistung frei.

Zusatzversicherungen
Zusatzversicherungen sind für alle GKV-Versicherten möglich. Sie sind sinnvoll, wenn außer den dort gezahlten Regelleistungen Wert auf eine bessere medizinische Versorgung gelegt wird. So zum Beispiel mag sich jemand für das Ein- oder

Zweibettzimmer mit privatärztlicher Betreuung entscheiden oder für höhere Kostenerstattungen bei Zahnersatzleistungen etc. Alle PKV-Unternehmen bieten hierzu entsprechende Tarife an.

Zuzahlung
Krankenkassenleistungen von GKV-Versicherten beinhalten grundsätzlich einen Eigenanteil, der vom Patienten selbst zu tragen ist. Das bezieht sich auf Arznei- und Verbandmittel, Fahrtkosten, Heilmittel, Krankenhausbehandlung, stationäre Vorsorge und Rehabilitationsmaßnahmen, Zahnersatz und kieferorthopädische Behandlung. Die meisten Regelungen beziehen sich nur auf Personen über 18 Jahre; ferner können sogenannte Härtefälle von der Zuzahlungspflicht ganz oder teilweise befreit werden.

Findex

Alleinerziehende 14
Alttarife 75
Angestellte im öffentlichen
  Dienst 54
Antragstellung 146
Anwartschaftsversicherung
  47, 146
Arbeitgeber 18, 88, 89
Arbeitgeberzuschuß 146
Arbeitnehmer 14, 33, 131
Arbeitslosigkeit 83
Arzneien, Heil- und
  Hilfsmittel 81
Aufenthalt
– stationärer 12
Aufnahmezwang 37
Ausland 68, 131
Auslandsaufenthalt 34
Auslandsreise-Kranken-
  versicherung 31, 59, 68,
  69, 146
Auslandsreisen 71

Behandlung
– ambulante 30, 58, 81
– stationäre 30, 51, 58
– zahnärztliche 42
Beihilfe 46, 147
Beihilfeansprüche 49

Beihilfebemessungssätze 51
Beihilfeergänzungstarif 57
Beitrag 38, 142
Beiträge 75, 100, 111
Beiträge zur GKV 63
Beiträge zur PKV 63
Beitragsaufwand 132
Beitragsbemessungsgrenze
  10, 18, 79, 83, 147
Beitragsbemessungsgrenze
  zur GKV 14
Beitragserhöhungen 106
Beitragshöhe 48
Beitragsrückerstattungen 60,
  108, 111, 147
Beitragsvergleich 100, 102,
  104
Beitragszahlungen
  der Rentner 77
Beitritt
– freiwilliger 83
Betreuung
– privatärztliche 34

Chefarztbehandlung 26

Ehescheidung 22
Eigenanteil 68
Eintrittsalter 39, 75

Entbindungsgeld 13, 147
Ergänzungsversicherung 41
Erziehungsgeld 148
Erziehungsurlaub 148

Fahrtkosten 13, 148
Familienmitversicherung 20, 131
Freie Heilfürsorge 148
freiwillig 131
Freiwillige Mitgliedschaft in der GKV 148

Gebührenordnung 42
Gebührenordnung für Ärzte 27
Gesetzlich krankenversicherte Rentner 79
Gesetzliche Krankenversicherung (GKV) 149
Gesundheitsreform 19
Gesundheitsstrukturgesetz 52, 149
Gesundheitswesen 75
Gesundheitszustand 37, 39
GKV für Rentner
– freiwillige 85

Haushaltshilfe 13, 149
Heilbehandlung
– ambulante 42, 51, 116
– stationäre 42, 117
– zahnärztliche 117
Heilfürsorge
– freie 46, 47

Heilmittel 17, 28, 150
Hilfsmittel 17, 28, 150
Höchstbeiträge 18, 75

Kinderkrankengeld 13, 150
Kontrahierungszwang 57
kostenfrei mitversichert 20, 22, 85
Krankengeld 14, 118
Krankenhausbehandlung 81
Krankenhaustagegeld 32, 33, 43, 150
Krankenkasse
– gesetzliche 10, 83, 134
Krankenrücktransport 150
Krankentagegeld 19, 29, 32, 33, 44, 151
Krankentagegeld für Selbständige 32
Krankenversicherung
– gesetzliche 11, 130
– private 24, 26, 134
Krankenversicherung der Rentner
– gesetzliche 83
krankenversicherungspflichtig 85
Krankenzusatzversicherung 112, 133
Kündigungsmöglichkeiten 87
Kuren 15, 151

Leistungen 11, 111, 120
Leistungen der GKV 66

Leistungen der PKV 66
Leistungsansprüche 16, 66
Leistungsausschlüsse 28, 37, 47, 50, 152
Leistungsbeschreibung 30, 58
Leistungseinschränkungen 81
Leistungskriterien 115, 116
Leistungsumfang 133
Leistungsvereinbarungen 27, 28, 40
Leistungsvergleich 113, 115
Lohnfortzahlung 33, 43, 44
Lohnsteuerrichtlinien 91

Mitgliedschaft
– freiwillige 10, 87, 131
mitversichert 64
Mitversicherung 23, 62, 79, 152
Mitversicherung von Familienangehörige 106
Mutterschaftsgeld 13, 15, 152
Mutterschutzfrist 152

Obliegenheitsverletzung 38

Pflegeversicherung 24, 152
Pflegezusatzversicherung 119
Pflichtversicherung 83
Private Krankenversicherung 153

Rentner 85, 130
Restkosten 54
Restkostenversicherung 46, 47, 56, 153
Risikoprüfung 154
Risikozuschlag 37, 47, 57, 75, 77
Rooming in 43
Rücktransport 29, 69, 71

Schwangerschaft 88
Selbständiger 19
Selbstbehalt 89
Selbstbeteiligung 40, 42, 52, 53, 77, 81, 107, 154
Sozialversicherung 10, 154
Sozialversicherungs-
abkommen 68, 71, 154
Standardtarif 29, 79, 81, 155
Sterbegeld 15, 155
Studenten 61, 65, 130
Studententarif 64, 66

Urlaub 71

Versicherte
– freiwillig 19
Versicherungsbeginn 75
Versicherungspflicht 62, 63, 87, 130, 131
versicherungspflichtig 85
Vorerkrankungen 39
Vorsorgetarif 83, 155
Vorversicherungszeit 83

Vorvertragliche Anzeigepflichtverletzung 155

Wahlrecht 10
Wartezeitregelung 88

Zahnarztbehandlung 81
Zahnarztkosten 51
Zahnbehandlung 13, 31

Zahnersatz 12, 27, 29, 42, 81, 88
Zusatzversicherungen 75, 97, 100, 102, 133, 155
Zusatzverträge 41
Zuschüsse
– staatliche 66
Zuzahlung 12, 16, 17, 52, 156
Zuzahlungsregelungen 66